Libertad financiera

Libertad financiera

Cómo crear riqueza y cómo conservarla

RAINER ZITELMANN

Traducción de Diego Sánchez de la Cruz

EDICIONES DEUSTO

Título original: *Financial Freedom*

Deusto es un sello editorial de Centro de Libros PAPF, SLU.
Av. Diagonal, 662-664
08034 Barcelona
www.planetadelibros.com

Diseño de la colección: Sylvia Sans Bassat

Primera edición: mayo de 2024
Depósito legal: B. 6.125-2024
ISBN: 978-84-234-3727-6
Composición: Realización Planeta
Impresión y encuadernación: Gómez Aparicio Grupo Gráfico
Printed in Spain - Impreso en España

PEFC Certificado
Este libro procede de bosques gestionados de forma sostenible
PEFC
PEFC/14-38-00305
www.pefc.es

Sumario

Introducción

De rico a pobre

Boris Becker, ex número uno del tenis, cayó oficialmente en bancarrota con una decisión del Tribunal Superior de Londres adoptada el 21 de junio de 2017. El banco privado Arbuthnot Latham & Co. había presentado una solicitud de insolvencia contra Becker. Según la información publicada, el deportista arrastraba una deuda de 10,5 millones de euros desde 2015. Sus abogados pidieron al magistrado un aplazamiento de 28 días para poder pagar la deuda rehipotecando la mansión que el tenista posee en Mallorca, cuyo valor ascendía a unos seis millones de euros. El tribunal rechazó la solicitud de Becker y, como resultado, sus problemas financieros quedaron expuestos.[1] El 24 de junio de 2019 se publicó que Becker se vio obligado a subastar 82 artículos de su colección personal, incluido su trofeo de ganador del Open de Estados Unidos de 1989, para así poder pagar a sus acreedores. El 11 de julio de 2019, la subasta online despachó todos los recuerdos que guardaba de su exitosa carrera en las pistas de tenis, una acción que le permitió recaudar 687.000 libras. Sin embargo, el 5 de noviembre de 2019 trascendió que las sanciones contra el deportista se habían ampliado doce años más, interviniendo sus cuentas hasta el 16 de octubre de 2031. Esto fue así porque los

1. Véase: <https://www.vermoegenmagazin.de/boris-becker-vermoegen>.

denunciantes lograron demostrar ante la justicia que Becker habría estado ocultando activos por valor de más de 4,5 millones de libras.[2]

En septiembre de 2020, el administrador concursal británico lo acusó de incumplir su deber de información en al menos 19 ocasiones durante este procedimiento de insolvencia. En abril de 2022, el extenista fue declarado culpable de 4 de los 24 delitos de insolvencia que se le imputaban. Tras declararse en quiebra, Becker habría ocultado grandes sumas de dinero, así como distintos bienes, propiedades, participaciones empresariales y préstamos bancarios. El 29 de abril de 2022, Boris Becker terminó siendo condenado a dos años y medio de prisión, pero fue puesto en libertad en diciembre de 2022 y deportado de vuelta a Alemania.

Becker es uno de los tenistas de más éxito de la historia. Ganó un total de 49 torneos individuales (incluidos seis Grand Slam, tres de ellos en Wimbledon), así como 15 títulos como doblista. Lideró el ranking mundial durante un total de doce semanas y, hasta la fecha, es el ganador más joven de la larga historia del torneo de Wimbledon, meca del tenis sobre hierba. Durante el transcurso de su carrera en las pistas, Becker se embolsó 25 millones de dólares en concepto de premios por sus victorias. Además, ganó muchos millones más a través de patrocinios y contratos publicitarios. En el punto álgido de su trayectoria, su fortuna se estimaba en más de 185 millones de dólares.[3]

Las razones de los problemas financieros de Becker son las mismas que nos encontramos cuando estudiamos el caso de muchas personas famosas y reconocidas por sus éxitos en ámbitos como el deporte o el entretenimiento. Divorciarse de su esposa Barbara le supuso un desembolso de 14,4 millones de dólares. Además, siempre llevó una vida de lujos y, por ejemplo, se dice

2. Véase: <https://www.gov.uk/government/news/beckers-bankruptcy-restrictions-extended>.

3. Véase: <https://www.foxsports.com.au/tennis/how-boris-becker-blew-185m-fortune-in-spectacular-fall-from-grace/news-story/ce74fa0c20d067a826d0dd46f8c78292>.

que alquiló una mansión en Londres durante muchos años a razón de 40.000 dólares mensuales. De igual modo, gastó considerables sumas de dinero en repetidas obras de remodelación de su mansión de Mallorca.

Becker, como muchos deportistas profesionales, probó suerte como empresario cuando su carrera deportiva llegó a su fin. Era dueño de tres concesionarios de automóviles, pero no estaba satisfecho con ninguno de ellos. También fue uno de los propietarios del portal digital *Sportgate*, que quebró en 2001. Y, para más inri, lidió con frecuentes enfrentamientos con las autoridades fiscales. Por ejemplo, en 2002 fue condenado a dos años de prisión por evasión fiscal, aunque la pena fue suspendida. Asimismo, tuvo que pagar una cuantiosa multa en relación con distintas declaraciones de impuestos en las que habría incluido información falsa para ahorrarse unos dos millones de dólares.

Poco después de salir de prisión, Becker concedió una emotiva entrevista a la televisión alemana. En la conversación dijo algo muy interesante, tanto que probablemente ni él mismo fue del todo consciente de lo reveladoras que resultaron sus palabras; a saber: proclamó que el dinero nunca había sido particularmente importante para él. Francamente, creo que estaba diciendo la verdad. Pero, obviamente, esa actitud hacia el dinero es también la razón de todos los problemas que le han ido persiguiendo.

Becker no es, en modo alguno, una excepción. Insisto en que, casi todas las semanas, los medios de comunicación publican historias sobre famosos, deportistas o estrellas de la música que ganaron grandes fortunas, pero acabaron perdiéndolo todo. El cantante y actor estadounidense Meat Loaf vendió más de 44 millones de copias de su álbum de 1977 *Bat out of hell*. Si no te suena por este disco, quizá lo hayas visto en películas como *El club de la lucha* o *The Rocky Horror Picture Show*. Pues bien, en 1983 trascendió que se había declarado en quiebra y que en ese momento tenía una deuda de 1,6 millones de dólares.[4]

4. Véase: <https://www.levittslafkes.com/famous-people-who-have-fled-bankruptcy>.

Michael Jackson, conocido como el «rey del pop», tenía deudas por valor de 400 millones de dólares en el momento de su muerte. La legendaria cantante Dionne Warwick se vio obligada a declararse en bancarrota. La mundialmente famosa diva del *soul* Whitney Houston debía a sus acreedores unos cuatro millones de dólares cuando falleció en 2012. Al igual que las estrellas del pop, los deportistas profesionales también son propensos a terminar en números rojos, a pesar de que se embolsan millones a lo largo de sus carreras profesionales. Las estadísticas muestran que, a pesar de que los jugadores de la NBA perciben un ingreso anual medio de unos cinco millones de dólares durante sus carreras, tres de cada cinco de estos deportistas se declaran en quiebra menos de cinco años después de su retirada.[5] También es notable el caso de Mike Tyson, uno de los boxeadores profesionales más exitosos del mundo: el llamado «Iron Mike» terminó en la ruina financiera por llevar un estilo de vida marcado por el consumo excesivo de alcohol y por el abuso de las drogas. En 2012 debía aproximadamente unos treinta millones de dólares.[6]

Con permiso de Steffi Graf, Claudia Kohde-Kilsch fue la segunda jugadora de tenis femenino más célebre de Alemania en la década de los ochenta. Ganó el título de dobles femenino de Wimbledon en 1987 y se embolsó alrededor de dos millones de dólares en premios, dinero que su padrastro se encargó de administrar. Sin embargo, en el año 1999, cuando su carrera estaba llegando a su fin, Claudia descubrió que ya no quedaba nada de todas esas ganancias. Entonces, inició un proceso judicial contra su padrastro que se prolongó durante años, hasta que éste falleció en 2004. Tras el fracaso comercial de su sello discográfico, se vio obligada a declararse en quiebra en 2011. Según dijo a un periódico alemán: «Hoy en día recibo una prestación del Estado porque tengo hijos a mi cargo, y también algunas ayudas para gastos básicos de mantenimiento. Llevo varios meses traba-

5. Staud, p. 9.

6. «Vom Millionen-Star zum Pleitegeier», *Handelsblatt.com*, 26 de enero de 2012.

jando para una inmobiliaria. Es suficiente para pagar el alquiler y espero poder recuperarme de esta situación poco a poco».[7]

En el mundo del fútbol encontramos historias similares. En la década de los ochenta, la mitad de los jugadores del Eintracht Frankfurt perdieron mucho dinero por invertir en distintas fórmulas que, *a priori*, les permitían pagar menos impuestos inmobiliarios. De modo que el hecho de que personas famosas o deportistas de éxito terminen atrapadas en decisiones financieras muy desacertadas o arrastren problemas de índole fiscal es, ciertamente, muy común.

El exfutbolista y exentrenador de fútbol Werner Lorant compró en su momento inmuebles al este de Alemania. De entrada, parecía una medida inteligente para ahorrarse algo de dinero en las declaraciones del impuesto sobre la renta y, de paso, adquirir una propiedad. Sin embargo, estas inversiones resultaron ser su perdición. Como informó un periódico el 25 de noviembre de 2011, «Lorant ganó millones a lo largo de su carrera como futbolista profesional. El Eintracht Frankfurt ganó la Copa de la UEFA en 1981, pero, posteriormente, cuando ya ejercía como entrenador, lidió con serios problemas financieros que le llevaron a la ruina. Su lujosa casa en Oberdorfen, cerca de Múnich, fue puesta en venta para liquidar sus deudas». Según la prensa, Lorant acabó viviendo como un ermitaño junto a un lago en Baviera. «Un propietario de la zona que era un ferviente seguidor de su equipo le ha permitido alojarse allí de forma gratuita», explicaron los medios.[8]

Lejos de ser excepcionales, estas historias son sólo la punta del iceberg. Si copan los titulares es porque las personas involucradas son famosos que han vivido buena parte de sus vidas bajo la mirada del público y de los medios de comunicación. Sin embargo, su suerte no es muy diferente de la de miles de personas que, habiendo heredado una fortuna, ganado la lote-

7. «Deutsche Pleite-Promis: wie Schauspieler, Entertainer und Sänger ihr Geld verloren», *DasInvestment.com*, 25 de junio de 2009.

8. «Rentner Werner Lorant und sein Leben auf dem Campingplatz», *Augsburger Allgemeine*, 25 de noviembre de 2011.

ría o recibido mucho dinero por su trabajo, han acabado perdiéndolo todo.

Analicemos el caso de los ganadores de lotería. Los estudios muestran que la mayoría de estos afortunados agotan sus ganancias en cuestión de unos pocos años. En agosto de 2001, David Lee Edwards, un desempleado de cuarenta y seis años radicado en Kentucky (Estados Unidos), ganó el premio Powerball de lotería, dotado con 41 millones de dólares.[9] Nada más ganar, dijo lo siguiente a los medios: «No quiero aceptar este dinero proclamando que voy a dedicarme a comprar mansiones y coches, que voy a comprar esto o aquello... Me gustaría simplemente recibirlo con humildad. Quiero que este dinero sea para mí, para mi futura esposa, para mi hija y para nuestros futuros descendientes». Sin embargo, apenas doce años después, David Lee Edwards murió totalmente solo en su ciudad natal de Ashland, a 225 kilómetros de Cincinnati.

La preocupación que expresó este estadounidense tras ganar el premio no es en absoluto una reacción inusual. Sin embargo, aunque muchos se lo propongan, pocos ganadores de la lotería son capaces de seguir una disciplina y actuar con cautela. En el caso de David Lee Edwards, lo cierto es que le quedaron 27 millones de dólares después de pagar impuestos y no tardó en gastarse 1,5 millones en la compra de una mansión de 550 metros cuadrados en Florida, a la que se trasladó con su prometida de veintisiete años. Había tantos coches caros aparcados delante de su villa (entre ellos un Lamborghini) que sus vecinos sospechaban que operaba algún tipo de concesionario de compraventa ilegal de coches de alta gama. Poco tiempo después, Edwards se llevó algunos de estos vehículos de lujo a California, donde adquirió una segunda mansión.

Unos meses después de ganar el premio gordo de lotería, Edwards presumió de sus nuevas posesiones ante los reporteros de televisión. El afortunado mostró un televisor valorado en 30.000 dó-

9. Toda la información que refiero en relación con el caso de David Lee Edwards fue publicada por *New York Daily News* y *Die Welt* los días 3 y 4 de diciembre de 2013, respectivamente.

lares, un anillo de oro con diamantes incrustados por valor de 78.000 dólares o una colección de unas doscientas espadas, armaduras medievales y armas que había comprado por un total de 150.000 dólares. En los años siguientes, gastó compulsivamente su nueva fortuna en caballos de carreras, aviones privados y drogas. En apenas doce meses había gastado 12 millones de dólares, casi la mitad de sus ganancias. Cuando el dinero se le acabó por completo a Edwards, el banco confiscó su casa, lo que le obligó a mudarse a un almacén. Después de su muerte, su hija, a quien le había prometido una vida sin preocupaciones, publicó lo siguiente en Facebook: «No queda dinero. Todo se ha esfumado».

En Alemania, un instalador de moquetas en el paro llamado Lothar Kuzydlowski y natural de Hannover fue noticia después de ganar 3,9 millones de marcos (unos dos millones de euros) en 1994.[10] «Lotto Lothar», como le llamaban en los periódicos, se compró un Lamborghini y derrochó su dinero en alcohol y fiestas con mujeres hermosas. Vestía un colgante de oro con las iniciales LLL: por Lotto, Lothar, Lamborghini. Cinco años después de ganar el premio, murió de cirrosis hepática. Su viuda y su antigua amante se pelearon durante años por su herencia.

En 2002, el británico Michael Carroll ganó 9,7 millones de libras en la Lotería Nacional. Lo primero que hizo fue donar 4 millones a su familia y a sus amigos. A continuación, se compró varios coches de alta gama y una mansión en el condado de Norfolk.[11] En los años siguientes organizó fiestas con muchas drogas y alcohol, se jugó parte de su dinero en apuestas de todo tipo y, por último, acabó cayendo en una vida delictiva. Ocho años después de ganar la lotería apenas le quedaba dinero, pero se reconocía afortunado por haber encontrado un trabajo en la fábrica de galletas Walkers Shortbread, ubicada en la ciudad de Elgin, al norte de Escocia, donde ganaba un sueldo de 204 libras por semana.

10. «Verzockt, verprasst, verteilt», *Berliner Zeitung*, 13 de marzo de 2013.

11. «Lotto lout Michael Carroll: I earn £204 a week in a biscuit factory and I love it», *The Daily Mirror*, 7 de julio de 2013.

En 1994, Michael B., un desempleado alemán, ganó un premio de lotería de 2.729.513 marcos (1,4 millones de euros).[12] Según su exmujer, a partir de entonces el lema de su vida pasó a ser: «Vive el momento, solamente importa el aquí y el ahora, hay que disfrutar al máximo». En línea con este razonamiento, se compró varios coches, no solamente para él, sino también para otros miembros de su familia. Convencido de que un ganador de la lotería no necesitaba preocuparse por tener permiso de conducir, se lanzó a probarlos a toda velocidad. Tras ser pillado sin carnet en siete ocasiones, terminó sentenciado a prisión cuando le detuvieron por octava vez. Ya entre rejas creó dos negocios que quebraron antes de que tuviese oportunidad de salir a la calle. Apenas 16 meses después de ganar la lotería, lo único que le quedaban eran deudas. Michael B. se vio obligado a vender su casa, así como las alfombras persas que había comprado y muchos otros bienes personales. Según declaró, estaba dispuesto a jugar nuevamente a la lotería, y confiaba en conseguir otro gran premio.

Cualquier búsqueda en Google dedicada a encontrar historias de «ganadores de lotería que lo perdieron todo» arroja cientos de casos similares en todo el mundo. A los medios más sensacionalistas les encanta informar sobre estos casos, como dando a entender con frecuencia que hay una lección moral detrás sobre que el dinero no puede comprar la felicidad. Ante tales informaciones, aquellos lectores que no tienen una situación económicamente cómoda pueden consolarse con la idea de que tener una normal (por ejemplo, un salario de 40.000 dólares y unos ahorros de 20.000) puede reportar más alegrías que asumir el reto de poseer un patrimonio millonario que sólo conducirá al declive personal y a la ruina financiera. Leer informaciones sobre famosos que se endeudan y acaban declarándose en quiebra tiene, probablemente, el mismo efecto.

Obviamente, los muchos millones de personas que juegan a la lotería cada semana y siguen esperando ganar el premio gordo

12. La historia de Michael B. fue explicada en un reportaje de Spiegel TV emitido el 16 de diciembre de 2002.

están seguros de que, si resultan ganadores, no cometerán los mismos errores ni caerán en las mismas tentaciones. En lugar de comprar coches de alta gama y malgastar su dinero en fiestas desenfrenadas o en casinos, ellos confían en que lo invertirían sabiamente.

Sin embargo, los estudios muestran que, en cuestión de unos pocos años, la mayoría de los ganadores de lotería han terminado estando económicamente peor que antes de hacerse con el premio. Y es que, aunque mucha gente no lo sabe, es más difícil conservar un millón que ganarlo —y ni hablar de lo complicado que es aumentarlo—. La mayoría de la gente cree que sería capaz de llevar una vida sin preocupaciones si lograse atesorar un millón de dólares, quizá cinco o diez. Pues bien, esto es exactamente lo que pensaron todos los ganadores de lotería, así como todos los actores, estrellas del pop o deportistas que ganaron inmensas sumas de dinero de la noche a la mañana o en el transcurso de unos pocos años de éxito profesional.

No quiero decir con esto que es fácil ganar un millón. Lo que quiero que entiendas es que tenerlo no te servirá de nada, a menos que sepas cómo invertir ese dinero sabiamente para conservarlo y aumentarlo. Gestionar el dinero es un arte, pero es posible aprender a hacerlo. Aquellos que no lo logren perderán su patrimonio más rápido de lo que jamás creyeron posible. Quienes carecen de las cualidades mentales necesarias para conservar y hacer crecer su riqueza, sin duda, perderán ese dinero —tanto si hablamos de 1, 10 o 100 millones de dólares—. Invariablemente, quienes carecen del debido conocimiento y entendimiento de las estrategias de inversión acabarán mal.

Mucha gente desconfía del mundo de las finanzas. Consideran que es un tema tan complejo que solamente unos pocos expertos pueden entenderlo. Aunque son conscientes de su importancia, se muestran reacios a comprometerse con su estudio y comprensión. Por ese motivo, prefieren confiar la gestión de su dinero a otras personas, que a veces son erróneamente consideradas como «expertas» en esta cuestión. Con mucha frecuencia, estos financieros abusan de la confianza de los ricos, que tarde o temprano dejan a un lado la cuestión de sus finanzas.

El resultado de todo esto es que el dinero empieza a dominar tu vida, cuando debería ser al revés. De eso trata exactamente este libro: de ayudarte a hacerte cargo de tus finanzas. Entonces, ¿qué diferencia hay respecto a otros manuales sobre estrategias de inversión y modelos de éxito financiero? En este libro encontrarás los hallazgos recientes más importantes en el campo de la «gestión patrimonial», que te ofrezco resumidos y presentados en un lenguaje sencillo y fácil de entender. Éste es un campo de investigación relativamente nuevo, cuyos resultados aún no han llegado a un público más amplio, puesto que solamente están disponibles en tesis doctorales, artículos académicos o estudios científicos. Lo mismo sucede con las teorías del mundo de la inversión, otra disciplina de investigación científica que explora las leyes que hacen que una inversión sea exitosa, pero a la que tampoco tiene acceso mucha gente.

Como todas las ciencias, estas teorías tienen su propia jerga, lo que asusta a quienes se aproximan a estos campos del conocimiento. El índice de una de las tesis doctorales más interesantes escritas recientemente en alemán sobre esta cuestión (y cuyos resultados se han incluido en este libro) incluye términos como *contabilidad de equilibrio, sesgo de actualidad, exceso de confianza, prima de los mercados emergentes, reversión de la rentabilidad, reequilibrio de cartera...* Esta terminología probablemente desanima a quienes intentan documentarse sobre el tema sin tener un bagaje previo. Los expertos financieros consideran que estos temas son interesantes, pero el resto de los inversores se sienten más bien intimidados por todas esas palabras y conceptos desconocidos.

Además de estudiar investigaciones científicas de vanguardia referidas al tema de la riqueza y las inversiones, también he analizado de cerca la trayectoria de muchas personas que han ganado decenas, cientos o incluso miles de millones con negocios de todo tipo, desde el inmobiliario hasta el de los hoteles, pasando por los baños públicos, las acciones, los recursos naturales, los productos empleados para hornear alimentos, la leche, los yogures... He extraído mis propias ideas a partir de mis conversaciones con esas personas y las he sumado a mi evaluación de los hallazgos relativos a la investigación sobre la gestión patrimonial o las últimas teorías de inversión. El resultado es este libro, que presenta dicha síntesis empleando un lenguaje simple que es accesible para todos los públicos. «Si entiendes una idea, entonces sabrás expresarla de forma sencilla para que los demás puedan entenderla también», dijo el legendario inversor Warren Buffett.[13]

La primera sección del libro trata de cómo construir una fortuna. La segunda parte se ocupa de cómo hacer crecer esa riqueza una vez que hayas sentado sus bases, para evitar que todo tu dinero termine desapareciendo en un abrir y cerrar de ojos. Voy a decirte qué trampas debes evitar, qué asesores debes ignorar, cómo minimizar tus riesgos y qué puedes hacer para aumentar tu patrimonio invirtiendo sabiamente. Así podrás aprovechar al máximo tu independencia y tu libertad financiera.

13. Citado en Buffett y Clark, *El tao de Warren Buffett*.

Parte 1

Crear riqueza

1

¿Puede el dinero comprar la felicidad?

Después de leer todas estas historias de personas arruinadas que no supieron gestionar su repentino enriquecimiento, es posible que te estés preguntando si vale la pena trabajar para ganar dinero. Me viene a la mente un aforismo del poeta lírico y satírico romano Horacio, que decía lo siguiente: «La preocupación es lo que sigue a una creciente riqueza». El dinero, indudablemente, es un tema controvertido. Precisamente por eso, todos hemos oído eso de que «el dinero no puede comprar la felicidad» y también hemos sido prevenidos de que «la riqueza corrompe», entre otras muchas advertencias.

Poetas, bardos y filósofos han acuñado numerosos aforismos que ahondan en la línea expresada por Horacio y cuestionan el valor del dinero, condenando asimismo la búsqueda activa de riqueza material. «Si tu felicidad depende del dinero, nunca estarás feliz contigo mismo», advirtió el filósofo chino Lao Tzu. El músico Bob Dylan, por su parte, lanzó esta pregunta: «¿Qué es el dinero? Un hombre habrá triunfado si se levanta por la mañana, se acuesta por la noche y, entre medio, hace lo que quiere hacer». Albert Einstein concluyó que «el dinero sólo apela al egoísmo e invita irresistiblemente al abuso». Incluso los antiguos filósofos eran críticos frecuentes de la riqueza y del dinero. En su obra *La República*, Platón dice esto: «Cuanto más piensas en hacer fortuna, menos piensas en la virtud. Porque, cuando la riqueza y la virtud se colocan juntas en la balanza, una siempre sube, mientras la otra cae».[14]

Aunque haya sido una postura minoritaria, también ha habido poetas y filósofos que ven el asunto de manera bastante diferente. «La salud sin dinero es media enfermedad», dijo el gran poeta Johann Wolfgang von Goethe. El filósofo holandés Benedictus de Spinoza profesaba también su escepticismo contra aquellos que expresan una visión unilateralmente negativa de la riqueza: «Un hombre pobre, que es avaro, hablará incesantemente del mal uso de la riqueza y de los vicios de los ricos, con lo cual sólo se atormenta a sí mismo y muestra al mundo que es intolerante, no sólo con su propia pobreza, sino también con la riqueza de los demás». La poeta estadounidense Gertrude Stein declaró: «He sido rica y he sido pobre. Es mejor ser rica». Y el escritor Oscar Wilde, a quien le encantaba exagerar para provocar indignación y revelar verdades simples, afirmó: «Cuando era joven, pensaba que el dinero era lo más importante en la vida; ahora que soy viejo, sé que sí lo es».

¿Qué es lo que causa la infelicidad? ¿El dinero o, más bien, la falta de dinero? Las investigaciones revelan que el dinero es un problema importante en los divorcios y que también está en el núcleo de muchas discusiones de pareja. Lauren Papp, de la Universidad de Wisconsin, pidió a cien parejas con hijos que escribiesen en un diario lo ocurrido en sus vidas durante un período de dos semanas. Ellas y ellos debían registrar por separado la causa y la duración de sus discusiones, a lo largo de cada día. Los resultados mostraron que las parejas discutían más intensamente sobre el dinero que sobre cualquier otro tema. La mayoría de las parejas sentían que las discusiones sobre el dinero constituían una amenaza para su futuro compartido y encontraban más difícil resolverlas que cualquier otro tipo de discusión.[15]

14. Citado en Velten, p. 245.

15. Westerhoff, Nikolaus, «Erst teilen, dann keilen», *Süddeutsche Zeitung*, 17 de mayo de 2010.

Erich Kirchler, psicólogo empresarial de la Universidad de Viena, quiso saber de qué hablan las parejas y por qué discuten. Pidió a 40 parejas que hiciesen un ejercicio parecido, en este caso haciendo anotaciones en un diario durante un período más largo, de un año. Los problemas económicos resultaron ser más controvertidos que cualquier otro tema. Las parejas discutían con frecuencia sobre cuánto dinero podían gastar y en qué.[16]

Haz el experimento por ti mismo. Coge un folio y escribe todo lo que te preocupa a lo largo del mes. Asegúrate de cubrir todas las áreas de tu vida: el trabajo, la salud, la crianza de los hijos, las finanzas, tu relación sentimental, tu peso, etcétera. Después de un mes, evalúa los resultados. ¿Cuántos de estos problemas crees que no habrían surgido si tuvieses mucho más dinero? Sin duda, podrás comprobar que hay muchas preocupaciones que habrías evitado si tuvieras más dinero; sin embargo, también encontrarás que hay muchas preocupaciones que no habrías evitado incluso si tuvieras un mayor patrimonio —aunque es preciso señalar que algunas de esas preocupaciones podrían haber sido más llevaderas si contases con un mayor volumen de riqueza.

En su tesis doctoral *Reichtum in Deutschland* (La riqueza en Alemania), publicada en 2013, la socióloga Dorothee Spannagel examinó esta cuestión, ocupándose de medir las preocupaciones de la gente y diferenciando entre la población general y aquellos que ganan al menos el doble del salario medio. La encuesta, que se llevó a cabo en 2005, halló que el 24,5 % de la población general se preocupa «mucho» por su situación financiera, en comparación con el 6,4 % de los ricos. Asimismo, el sondeo encontró que el 54,3 % de los ricos no se preocupa en absoluto por su situación financiera, en comparación con el 26,7 % de la población general.

Entre la población general, un 22,7 % dijo preocuparse mucho por la cuestión de tener un trabajo asegurado, en comparación con el 4,8 % de los ricos. En el otro extremo de la escala, el 59,7 % de los ricos dijo que no se preocupaba en absoluto por

16. Ibídem.

tener más certidumbre en el plano laboral, en comparación con el 39,4 % de la población general.

Incluso cuando se preguntó por temas no relacionados directamente con la carrera profesional o las finanzas, los ricos se mostraron mucho menos preocupados que el ciudadano promedio. El 22,8 % de la población general afirmó estar «muy» preocupada por su salud, en comparación con el 10,2 % de los ricos. De igual modo, más del 50 % de la población general dijo estar preocupada por el aumento de la delincuencia, en comparación con el 35,5 % de los ricos. El 41,3 % de la población general dijo preocuparse mucho por la inmigración, en comparación con el 24,2 % de los ricos. Y, mientras que el 60,1 % de la población general dijo sentirse generalmente optimista sobre el futuro, el porcentaje fue del 76,4 % entre los ricos.[17]

Un proverbio popular afirma que «es mejor ser pobre y tener buena salud que ser rico y vivir enfermo». Sin embargo, los hallazgos de Spannagel son inequívocos: «Hay pruebas sólidas que arrojan una correlación positiva entre tener buena salud general y ostentar un mayor volumen de riqueza. Esto resultó igualmente cierto cuando se dividió la muestra para comparar los resultados en Alemania Occidental y Alemania Oriental».[18] De igual modo, esta encuesta apuntó que, en comparación con la población general, los ricos «tienen mejor salud, pero, además, están más satisfechos con su estado de salud».[19]

Sin embargo, la mala salud no es causada directamente por la falta de dinero, como ha demostrado la investigación de Walter Wüllenweber sobre los estilos de vida predominantes entre personas de diferentes estratos sociales. Si bien es cierto que tener mala salud es mucho más frecuente entre los miembros de las clases sociales más bajas, esto no se debe a la necesidad económica, sino a ciertas elecciones de estilos de vida. Según afirma Wüllenweber, «los comportamientos personales juegan un papel más importante que las condiciones externas. Fumar, tener

17. Spannagel, pp. 242-243.
18. Ibídem, p. 206.
19. Ibídem, p. 210.

un consumo excesivo de alcohol, seguir dietas no saludables, la falta de ejercicio... Nada de esto tiene que ver con el dinero. Con el dinero que dedicamos a comprar cigarrillos, podemos pagarnos la cuota de cualquier gimnasio, quizá incluso uno muy exclusivo. De igual manera, la comida rápida es más cara que la preparación desde cero de comidas con recetas más saludables. Comprar alcohol es mucho más caro que un zumo de naranja recién exprimido. Por eso, en general, un estilo de vida poco saludable es más caro que uno saludable».[20]

Así pues, ¿qué es lo que necesitamos para vivir una vida feliz? Los intentos de responder a esta importante pregunta han dado origen a toda una disciplina de investigación. Es la conocida como «ciencia de la felicidad». Existe la idea errónea de que los expertos han llegado a la conclusión de que el dinero no conduce a la felicidad. Sin embargo, una investigación científica publicada recientemente por Joachim Weimann, Andreas Knabe y Ronnie Schöb ha concluido que esto no es exactamente cierto.

El sentido común nos dice que la mayoría de las personas preferirían tener más dinero que menos, si sólo fuera porque tener más dinero nos brinda más opciones cuando se trata de comprar bienes y servicios. Un ingreso más alto brinda acceso a productos que ocupan los primeros lugares en las listas de deseos personales de muchas personas. Tales bienes están fuera del alcance de aquellos que tienen unos ingresos más bajos. «Todos estamos dispuestos a hacer grandes esfuerzos para aumentar nuestros ingresos. Los sindicatos llegan al punto de declarar huelgas, los jubilados protestan en las calles porque quieren más pensiones, los directivos de todo tipo de ámbitos trabajan a destajo hasta caer agotados, los trabajadores pasan ocho horas al día realizando tareas tediosas, los empleados de McDonald's cocinan cientos de hamburguesas por 7,50 euros la hora... La única razón por la que hacen esto es para conseguir dinero.»[21]

En 1974, Richard Easterlin fue el primer científico en afirmar que «el dinero no conduce a la felicidad». Basándose en encues-

20. Wüllenweber, p. 93.
21. Weimann *et al.*, p. 14.

tas, llegó a la conclusión de que la felicidad no depende del nivel absoluto de ingresos de una persona, sino de su posición relativa en la sociedad, es decir, de si tiene más o menos dinero que sus pares. Según Easterlin, esto es válido a nivel mundial, siempre que estemos por encima de un nivel de ingresos de 15.000 dólares al año. Por esto se asume que aumentar los ingresos de los más pobres tendrá un impacto significativo en su calidad de vida y su nivel de felicidad.

Sin embargo, las cosas son más complicadas de lo que parecen a primera vista. Los científicos distinguen entre felicidad «afectiva» y «cognitiva». Tradicionalmente, los investigadores han medido la felicidad cognitiva de las personas preguntando por su nivel presente de felicidad: «En una escala de 0 (nada satisfecho) a 10 (completamente satisfecho), díganos, por favor, y de forma general, hasta qué punto está satisfecho con su vida actual».

Este tipo de encuesta mide la satisfacción general en lugar de la «felicidad afectiva», es decir, la acumulación y duración de momentos de felicidad a lo largo de un día o un mes. Si bien la riqueza no tiene un impacto medible en esta última, estudios recientes han demostrado que, a pesar de las afirmaciones de Easterlin, hay una fuerte correlación entre la satisfacción general y los ingresos que logran las personas.

Estos estudios han encontrado que «las personas con niveles de ingresos más altos están más satisfechas con su vida. Curiosamente, incluso en niveles de ingresos anuales superiores a 120.000 dólares, esta correlación positiva sigue siendo de plena aplicación. No hay un punto de saturación: un ingreso más alto equivale a tener una mayor felicidad a todos los niveles».[22] Estos estudios muestran incluso que, si el ingreso se incrementa en un mismo porcentaje para rentas altas y bajas, el impacto es más positivo en los niveles de satisfacción de las personas con niveles más altos de renta que en las de ingresos más bajos.[23]

Por supuesto, hay numerosos aspectos de la vida que no están directamente relacionados con el dinero. Gente de todo tipo

22. Ibídem, p. 114.
23. Ibídem, p. 123.

de nivel económico sufre problemas como las enfermedades o el colapso de sus relaciones amorosas. Sin embargo, el resultado más interesante de la investigación científica sobre la felicidad personal es que «las personas pobres experimentan circunstancias adversas como la enfermedad, el divorcio o la soledad como procesos significativamente peores que los enfrentados por aquellos que atraviesan el mismo problema, pero figuran entre los cohortes más ricos de la población».[24] Esta observación es muy importante porque demuestra que el ingreso y la riqueza afectan también a otras áreas de la vida.

La mayoría de las personas se dan cuenta de que tener más dinero es mejor que tener menos. Pueden afirmar lo contrario, por ejemplo, para disimular su propia falta de activos financieros. Sin embargo, no deja de ser cierto que 20 millones de alemanes juegan a la lotería cada mes, aun sabiendo que tienen una posibilidad entre 15 millones de ganar el premio gordo. Pese a ello, siguen cruzando los dedos semana tras semana. Y, mientras esperan el milagro, muchos conversan con otros clientes del bar de la esquina sobre cómo «el dinero no importa» o «el dinero no puede comprar la felicidad».

Ninguna persona cuerda afirmaría que el dinero por sí solo puede hacerte feliz. En el capítulo introductorio, mencioné numerosos casos de personas que ganaron la lotería u obtuvieron una gran cantidad de dinero muy rápidamente —todo para perderlo rápida y bruscamente—. ¿El dinero hizo que fuesen infelices? Aparentemente puede parecer que así fue, porque, si nunca hubiesen amasado una fortuna, nunca la habrían perdido y no habrían lidiado con la miseria, las deudas o la insolvencia personal.

Por eso es importante recalcar que la cantidad de dinero que posee una persona en un momento dado es algo mucho menos importante que saber lo que hace esa persona con su dinero. Mantener y hacer crecer tu riqueza es una habilidad que debes cultivar si quieres asegurarte de que el dinero te ayudará a ser más feliz y a estar más satisfecho con tu vida.

24. Ibídem, p. 114.

Es por eso que aquellos que creen que sus problemas (o, al menos, sus problemas financieros) se resolverían si de repente recibieran una gran cantidad de dinero (ya sea vía herencia, matrimonio o lotería) están gravemente equivocados. Sería más preciso decir que esa ganancia inesperada sería solamente el comienzo de sus problemas. Pero, por supuesto, no es el dinero el que tiene la culpa; más bien, la responsabilidad recae completamente en aquellos que no han aprendido a usar el dinero sabiamente, para conservar y hacer crecer su riqueza.

Muchas personas que desestiman de manera despreocupada la importancia del dinero tienen generalmente una razón obvia para afirmar que «el dinero no importa» o incluso que «el dinero te hace miserable». Y es que hay mucha gente que finge no preocuparse por el dinero... porque no tiene dinero. Seguramente, una mayoría de ellos reconocería en frío que tener una mayor autonomía y libertad personal conduce a una mayor felicidad. Y, si bien el dinero no es sinónimo de felicidad, lo que no es tan discutible es la noción de que el dinero favorece nuestra libertad personal —y la libertad personal es algo inequívocamente positivo que vale la pena buscar.

Saber cómo manejar el dinero para conservarlo y para aumentar tu riqueza implica cultivar una mayor libertad personal. Aquellos que se conforman solamente con ganarse la vida nunca experimentarán esa autonomía. No se sentirán liberados de la preocupación que genera el trabajo, no vivirán donde quieren, no viajarán a donde desean, no expresarán sus opiniones con plena libertad... Al final, dependen financieramente de otros.

«El dinero es la clave de la libertad», dijo la diseñadora de moda francesa Coco Chanel, una mujer hecha a sí misma que trabajó arduamente para construir su fortuna.[25] Ella veía el dinero como «el símbolo de la independencia».[26] Tenía razón, pero vale la pena hacer una advertencia: si logras tener un alto nivel de ingresos, pero te gastas lo percibido mes a mes casi íntegramente, entonces nunca serás libre; más bien, puedes acabar sien-

25. Chanel, Coco, citada en Morand, *El aire de Chanel*.
26. Ibídem.

do dependiente, o incluso adicto, a un nivel de vida muy alto, de modo que siempre tendrás que preocuparte por lo que podría ocurrir si un día perdieras tus fuentes de ingresos.

Hay pruebas abrumadoras que sugieren que perseguir la riqueza simplemente para poder permitirse artículos de lujo y un estilo de vida suntuoso rara vez conduce a la felicidad. Esto queda demostrado por un estudio del investigador estadounidense Thomas J. Stanley, quien encuestó a varios cientos de estadounidenses adinerados, nacidos todos ellos entre 1946 y 1964. Todas las personas incluidas en la muestra comenzaron sus carreras profesionales con salarios iniciales aproximadamente iguales. Una de las preguntas que les hizo Stanley fue cómo de satisfechos estaban con sus vidas en general, en una escala del 1 al 5.

El ingreso anual medio de los encuestados que dijeron estar insatisfechos fue de 203.000 dólares. Entre quienes se mostraron satisfechos, esta rúbrica ascendía, de media, a 307.000 dólares anuales. Sin embargo, la diferencia más significativa entre ambos grupos fue el volumen de riqueza que unos y otros habían podido acumular en los 30 años anteriores. Así, los encuestados más satisfechos habían construido una fortuna media de 1,4 millones de dólares, mientras que los menos satisfechos habían logrado ahorrar una media de 304.000 dólares. Los menos satisfechos habían atesorado una cifra equivalente a 1,5 años de salario, mientras que los más satisfechos habían generado un patrimonio igual a 4,5 años de salario. El sondeo reveló que no se apreciaban diferencias significativas en el precio medio de las casas en las que vivían unos y otros (798.000 y 785.000 dólares para uno y otro grupo).[27] Al final, la principal diferencia radicaba en que los miembros del primer grupo eran mucho más propensos a gastar su dinero para poder permitirse un nivel de vida muy alto, mientras que los miembros del segundo grupo tendían a vivir más frugalmente, valorando la riqueza más como una forma de apuntalar su independencia financiera y no tanto como un medio para comprar productos caros.

Como puedes ver, cuando preguntamos en qué medida y bajo

27. Stanley, *Stop acting rich*, pp. 224-225.

qué condiciones la riqueza puede contribuir a la búsqueda de la felicidad, lo que nos encontramos es una realidad que merece una exploración detallada. Como también has podido ver, tu respuesta a esa pregunta dependerá de si buscas la riqueza como un medio para permitirte una vida de lujo o si persigues esa meta como una forma de lograr independencia financiera y vivir con más seguridad.

Llegados a este punto, probablemente te preguntes si hay factores específicos que determinan si alguien se convertirá en rico. ¿Hay alguna evidencia científica relevante al respecto?, y, en caso de haberla, ¿qué lecciones nos deja?

2

¿Cómo se hicieron ricos los ricos?

¿Qué significa *ser rico*? Hay muchas respuestas diferentes a esta pregunta, no es fácil determinar qué es exactamente la riqueza. De hecho, algunas de estas definiciones incluyen aspectos que no tienen nada que ver con los ingresos ni los activos financieros, sino que se centran en la salud, en la influencia política... Sin embargo, diluir el concepto de riqueza de esta forma solamente contribuye a complicar las cosas, en vez de aclarar el debate.

¿Cómo definir la riqueza? En la tesis publicada *Wege zum Reichtum*, de Melanie Böwing-Schmalenbrock, cuando se les pidió que ofreciesen su definición de *riqueza*, los encuestados sobre esta cuestión en Alemania seleccionaron las siguientes respuestas con mayor frecuencia:[28]

- «Poder disfrutar de tu jubilación sin preocuparte por el dinero»: 87 %.
- «No depender de ningún tipo de ayuda o beneficio otorgado por el gobierno»: 76 %.
- «Poder permitirte lo que quieras, cuando quieras»: 75 %.
- «Poder vivir exclusivamente de los ingresos de las inversiones, sin tener que trabajar»: 70 %.

28. Böwing-Schmalenbrock, p. 25.

Algunas de estas afirmaciones siguen siendo un tanto vagas. ¿En qué momento uno deja de «preocuparse» por el dinero? ¿Qué significa «poder permitirte lo que quieras, cuando quieras»? Las respuestas a estas preguntas son, en última instancia, opiniones subjetivas que están sujetas a considerables variaciones dependiendo del individuo del que hablemos. Es más tangible, en cambio, la idea de que los ricos pueden «vivir exclusivamente de los ingresos de las inversiones, sin tener que trabajar».

Pero incluso esta definición no es lo suficientemente específica. Piénsalo por un momento: ¿de qué estamos hablando, de una riqueza suficiente para vivir de los intereses que genera o de una riqueza tan grande que resulta difícil agotarla incluso recurriendo a ella continuamente? Lo segundo requeriría una cantidad de dinero mucho menor que lo primero.

De igual modo, ¿cuántos ingresos necesita una persona para «ganarse la vida»? ¿Y en qué tipo de interés están basadas estas suposiciones? Puede que a la mayoría de las personas les parezca que tener un millón de dólares sea equivalente a haber amasado mucho dinero. Pero ¿realmente un millón es tanto dinero? Ten en cuenta que una persona que tenga un millón de dólares en activos invertibles que se beneficien de una rentabilidad de un 3 % anual después de impuestos y descontando la inflación (lo cual ya no es posible con productos de bajo riesgo como, por ejemplo, los bonos de deuda pública) obtendrá unas rentas de 2.500 euros mensuales, lo cual está lejos de ser suficiente para vivir una vida de lujo. Por eso, en mi estudio *The wealth elite*, establecí un umbral mínimo de 10 millones de dólares para catalogar a alguien como «rico».

En el *World Wealth Report* (Informe Anual de Riqueza Mundial) de 2021, publicado anualmente por Capgemini, una de las principales empresas de servicios profesionales del mundo, se divide a los ricos en tres grupos distintos:

- Los «millonarios comunes», que tienen entre 1 y 5 millones de dólares de riqueza invertible. A nivel mundial, hay 18,7 millones de personas que entran en esta categoría.

- Los «millonarios de nivel medio», que poseen entre 5 y 30 millones de dólares. Hay 1,9 millones de personas así en todo el mundo.
- Los individuos con patrimonio neto ultraelevado, que abreviaremos como «ultrarricos». Hay 201.000 de ellos en todo el mundo.[29]

Si medimos el número de millonarios en dólares y analizamos cómo se reparten por el mundo, encontramos que el 61 % del total reside en apenas cuatro países: Estados Unidos (6,6 millones), Japón (3,5 millones), Alemania (1,5 millones) y China (1,5 millones). No obstante, hay algunos países muy pequeños donde el número de millonarios es muy alto en relación con el tamaño de la población, como sería el caso de Singapur, donde hay 269.000 millonarios en comparación con una población de 5,8 millones. De igual modo, Japón es el único país grande que puede presumir de tener una proporción más alta de millonarios que Alemania, con 3,5 millones de personas en esta categoría y una población total de 126 millones. Por su parte, China tiene una población de 1.400 millones de habitantes, de los cuales 1,5 millones son millonarios, mientras que India tiene 278.000 millonarios y una población total de 1.360 millones de personas. En Estados Unidos, un total de 6,6 millones de personas son millonarias, mientras que el número de habitantes del país asciende a 328 millones de personas. En Alemania, hay 1,5 millones de millonarios en relación con una población de 83 millones, mientras que en Rusia hay 220.000 millonarios y una población de 144 millones.[30]

Por supuesto, el número exacto de individuos ricos y superricos es difícil de establecer y las cifras varían según la fuente. *The Wealth Report 2021* (*Informe de riqueza 2021*), publicado por Knight Frank Research, sitúa el número de individuos ultrarricos (es decir, con un patrimonio neto de más de 30 millones de

29. Capgemini Wealth Management.

30. Ibídem, p. 9. (Los datos se han elaborado con cálculos en dólares estadounidenses.)

dólares) en 521.653 en todo el mundo, de los cuales hay más de dos tercios que viven en sólo cuatro países: 180.060 en Estados Unidos, 70.426 en China, 28.396 en Alemania y 15.503 en Francia.[31] Como hemos visto, Alemania tiene un número mayor de millonarios que países más poblados, como India y Rusia —y esto es cierto tanto en el caso de los ultrarricos, que tienen un patrimonio neto de 30 millones de dólares o más, como en el de los «meros» millonarios.

Sin embargo, en cuanto a los multimillonarios, China aparece en cabeza, con 698, superando significativamente los 136 que se observan en Alemania.[32] La falsa impresión de que hay muchos más millonarios en Rusia que en Alemania puede deberse a que, en el caso de Rusia, los ricos tienden a exhibir su riqueza de manera extremadamente llamativa, mientras que sus homólogos alemanes prefieren disfrutarla de manera más discreta.

Una tesis doctoral publicada en 2012 explora los factores decisivos que allanan el camino hacia la opulencia o incluso la riqueza, analizando la situación en Alemania en el siglo XXI. El estudio se basa en 472 entrevistas realizadas a personas de ingresos muy altos o individuos que entran en la categoría de «ultrarricos» en el marco del estudio y tesis doctoral *Reichtum in Deutschland*. Los encuestados que participaron en esta investigación tenían un patrimonio neto medio de 2,3 millones de euros, siendo el dato mediano de 1,4 millones de euros.[33]

Dicho con otras palabras, este estudio se centraba en los «millonarios comunes» en vez de en los «ultrarricos». El autor comienza describiendo una pirámide de patrimonio cuyo nivel más bajo, clasificado como «opulencia», consiste en hogares cuyos ingresos son dos veces mayores que el ingreso neto del hogar alemán promedio, es decir, 54.320 euros o más. El punto intermedio, al que el autor denomina «riqueza frágil», se compone de hogares con un patrimonio neto de al menos 1,2 millones de eu-

31. Knight Frank Research, *The Wealth Report 2021*, pp. 11 y 81.

32. Véase: <https://en.wikipedia.org/wiki/List_of_countries_by_number_of_billionaires>.

33. Böwing-Schmalenbrock, p. 139.

ros. Finalmente, los hogares que aparecen en el nivel superior de la pirámide, definidos como familias de «riqueza estable», presentan un patrimonio neto de al menos 2,4 millones de euros.[34]

La mayoría de los ricos construyen su patrimonio a través del emprendimiento

La citada tesis doctoral es de gran interés para cualquier persona preocupada por la cuestión de la causalidad, es decir, por determinar cómo llegan a amasar su prosperidad y su riqueza las personas que se sitúan en la cúspide económica de la Alemania contemporánea. El hallazgo más importante del autor y de su investigación es que las personas que trabajan de forma autónoma, por cuenta propia, con su propia empresa o proyectos de actividad económica, tienen muchas más probabilidades de llegar a amasar unos ingresos altos que aquellas personas que trabajan por cuenta ajena. El estudio muestra que es mucho más difícil que los empleados por cuenta ajena lleguen a acumular riqueza. «Sobre todo, el emprendimiento [es] un predictor confiable de la capacidad de tener un nivel alto de riqueza. Hay una diferencia enorme en el patrimonio neto promedio de aquellos cuya riqueza se construyó mediante el emprendimiento y el resto de los millonarios, puesto que la riqueza neta media de los hogares que figuran en este grupo supera en 2,5 millones de dólares la de los hogares donde el factor emprendedor no fue relevante.»[35]

En el grupo definido como el de «riqueza estable», en el que aparecen los hogares con un patrimonio neto de 2,4 millones de euros o más, el emprendimiento fue un rasgo significativamente más recurrente que en el grupo de la «riqueza frágil», donde figuran los hogares con un patrimonio neto de más de 1,2 millones de euros. La encuesta muestra que los hogares cuya riqueza se construyó predominantemente mediante el emprendimiento tie-

34. Ibídem, p. 45.
35. Ibídem, p. 187.

nen el doble de probabilidades de ascender al nivel superior de la pirámide de riqueza.[36]

Estudios realizados por Wolfgang Lauterbach, uno de los investigadores más conocidos de Alemania en el campo de la teoría de la riqueza, arrojan resultados similares. En su caso, ha encuestado a personas clasificadas como parte de la clase media (patrimonio neto mediano de 160.000 euros), así como a personas con afluencia (750.000 euros), individuos de elevado patrimonio neto (3,4 millones de euros), ciudadanos que figuran en el grupo de los cien alemanes más ricos (patrimonio de 1.500 millones de euros) y milmillonarios que aparecen en la lista de los cien individuos más acaudalados a nivel global (patrimonio de 10.500 millones de euros). Por esta vía, Lauterbach encontró que el 64,5 % de los individuos de alto patrimonio neto en Alemania son emprendedores: «La investigación empírica muestra que la riqueza solamente es alcanzable para aquellos que trabajan por cuenta propia. Hay pocas evidencias de personas que llegan a amasar riqueza a través del empleo por cuenta ajena».[37] El 98 % de los cien individuos más ricos de Alemania y el 95,2 % de los cien individuos más ricos del mundo son empresarios. «El emprendimiento es un requisito previo necesario para construir una gran fortuna», concluye al respecto Lauterbach.[38]

Los ricos, ¿hechos a sí mismos o nacidos ya ricos?

En 2015, un estudio global sobre los multimillonarios publicado conjuntamente por el banco suizo UBS y la firma de consultoría PwC, titulado *Billionaires: master architects of great wealth and lasting legacies*, confirmó que la mayoría de los multimillonarios no heredaron su fortuna, sino que construyeron su riqueza mediante el emprendimiento y las inversiones. «De los más de 1.300 multimillonarios que hay a nivel global, cuya riqueza as-

36. Ibídem, p. 199.
37. Lauterbach, *Reiche Parallelwelten?*, p. 94.
38. Ibídem, pp. 91-92.

ciende a 5.400 millones de dólares —un aumento de 4.700 millones en comparación con los 700 millones de 1995—, un 66 % eran multimillonarios "hechos a sí mismos", en comparación con el 43 % observado al comienzo del período de estudio, en 1995. La mayoría de estos nuevos multimillonarios viven en Estados Unidos. En concreto, en 2014, el 47 % de la riqueza de los multimillonarios hechos a sí mismos residía en Estados Unidos. Sin embargo, los emprendedores de Asia también han participado en esta explosión emprendedora que ha impulsado al alza la riqueza global. Los multimillonarios de Asia representan el 36 % de la riqueza total amasada por los multimillonarios hechos a sí mismos, relegando a Europa al tercer lugar, donde ya solamente vive el 17 % del total de multimillonarios hechos a sí mismos».[39]

Si uno repasa la lista de las personas más ricas del mundo, podrá observar que la mayoría de los multimillonarios más ricos del mundo se hicieron ricos como emprendedores, de modo que entran en la categoría de personas «hechas a sí mismas». Aquí está la Lista Forbes que presenta el ranking de las diez personas más ricas del mundo, actualizada en noviembre de 2023:[40]

1. Elon Musk se hizo rico como emprendedor con Tesla: 231.000 millones de dólares.
2. Bernard Arnault se hizo rico como emprendedor con marcas de lujo como LVMH: 187.000 millones de dólares.
3. Jeff Bezos se hizo rico como emprendedor con Amazon: 165.000 millones de dólares.
4. Larry Ellison se hizo rico como emprendedor con Oracle: 139.000 millones de dólares.
5. Warren Buffett se hizo rico como inversor con Berkshire Hathaway: 116.000 millones de dólares.
6. Bill Gates se hizo rico como emprendedor con Microsoft: 114.000 millones de dólares.

39. UBS y PwC, p. 12.

40. Disponible en <https://www.forbes.com/real-time-billionaires/#57475f133d78>. [Consulta: 15/11/2023]. Los datos presentados son de la actualización de noviembre de 2023.

7. Mark Zuckerberg se hizo rico como emprendedor con Facebook: 113.000 millones de dólares.
8. Larry Page se hizo rico como emprendedor con Google: 111.000 millones de dólares.
9. Steve Ballmer se hizo rico como emprendedor con Microsoft: 108.000 millones de dólares.
10. Sergey Brin se hizo rico como emprendedor con Google: 106.000 millones de dólares.

La lista también muestra que, con la excepción de Arnault, los hombres más ricos del mundo son todos emprendedores hechos a sí mismos y no personas que han heredado su riqueza. Lo mismo sucede si revisamos los puestos siguientes del ranking. Así, la mayoría de las personas incluidas en la Lista Forbes 400 de los estadounidenses más ricos también son emprendedores hechos a sí mismos. Muchas personas creen que era más fácil acumular riqueza como emprendedor en el pasado y que la mayoría de las personas ricas en el presente han heredado su riqueza; en realidad, la verdad es justo la contraria.

En 1984, menos de la mitad de los nombres incluidos en la Lista Forbes 400 de los estadounidenses más ricos habían cultivado su riqueza en vida. ¡En 2018, el porcentaje había subido al 67 %! Este hallazgo se calculó en función de un sistema de puntuación en el que cada multimillonario incluido en la Lista Forbes 400 se clasifica en una escala del 1 al 10, siendo una nota de 1 el indicativo de que esa persona ha heredado toda su fortuna y no ha hecho nada más por aumentar su riqueza, y siendo una nota de 10 el indicativo de que esa persona tuvo un origen sencillo y logró construir su riqueza gracias a su propio esfuerzo, sin duda superando grandes adversidades en algunos de los casos. Cualquier persona que obtenga una nota de entre 6 y 10 puntos se clasifica como un «rico hecho a sí mismo».

Las posibilidades de salir de la pobreza y llegar a amasar una inmensa riqueza son significativamente mayores en Asia que en Europa o Estados Unidos. «Los nuevos magnates de Asia se diferencian de los de otras regiones del mundo, lo que subraya lo rápido y reciente que ha sido el avance económico de estos países. Así, el 25 % de estos multimillonarios crecieron en la pobreza, en comparación con el 8 % en Estados Unidos y el 6 % en Europa. Además, los multimillonarios asiáticos son más jóvenes que sus homólogos en el resto del mundo, con una edad media de cincuenta y siete años, que se sitúa diez años por debajo que la de sus homólogos de Estados Unidos y Europa.»[41]

Construir una fortuna como trabajador por cuenta ajena es mucho más difícil. Aunque no es algo imposible, todas las investigaciones citadas coinciden en que el empleo rara vez constituye una fuente de riqueza.[42] Los miembros de las «profesiones liberales», como los médicos, abogados, contables, etcétera, figuran en un nivel intermedio, entre el desempeño de la mayoría de los trabajadores y los resultados correspondientes a los empresarios. El empleo autónomo en una profesión liberal «ofrece grandes oportunidades para aquellos que quieren pasar de la clase media a la clase acomodada o de la clase acomodada a niveles de riqueza frágil. Sin embargo, no es un camino capaz de garantizar una riqueza estable».[43] En Alemania, por ejemplo, los miembros de las profesiones liberales tienen más de 3,5 veces más probabilidades de ser personas de clase acomodada en vez de obtener simplemente un ingreso superior al promedio. En cambio, para los empresarios, esa ratio aumenta a 4,5.[44]

La herencia es otro factor importante, pero no tanto como los ingresos laborales. Esto se confirma con los hallazgos del estudio de UBS y PwC mencionado anteriormente, en el que se refleja un aumento global en el porcentaje de multimillonarios hechos a sí mismos en relación con aquellos que heredaron su patrimonio. Aunque el impuesto de sucesiones es más bajo en Alemania que en muchos otros países, los ingresos del trabajo son un factor más relevante en más de la mitad de los hogares de clase acomodada. Sin embargo, casi un tercio de los encuestados consideró la herencia como un aspecto más importante que las rentas del tra-

41. UBS y PwC, p. 17.
42. Böwing-Schmalenbrock, p. 203.
43. Ibídem, p. 233.
44. Ibídem, p. 230.

bajo, mientras que otro 13 % opinó que ambos son igualmente relevantes.

El autor reconoce que hay diferentes tipos de herencia. Heredar riqueza productiva, es decir, un negocio, aumenta significativamente la probabilidad de construir más riqueza. Para los más ricos de Alemania, la herencia juega un papel más importante, tanto en comparación con otros millonarios y multimillonarios como en relación con sus homólogos globales. Como muestra Wolfgang Lauterbach, solamente el 36 % de las personas más ricas en Alemania construyeron su riqueza trabajando por cuenta propia, en comparación con el 56 % que la levantó a partir de una herencia. Pero, a nivel mundial, sólo el 22,4 % de las personas más ricas del globo heredaron su riqueza, mientras que el 73 % la construyó trabajando por cuenta propia.[45]

Sin embargo, esto no significa que los alemanes más ricos simplemente heredaron su riqueza. Uno de los hombres más ricos de Alemania es Dieter Schwarz (Lidl), que heredó de su padre una cadena regional de supermercados con unas 30 tiendas. Sobre la base de esta herencia, Schwarz creó la segunda cadena de supermercados más grande de Alemania, solamente por detrás de Aldi. Este ejemplo también revela la importancia de las empresas familiares en la economía alemana.[46]

Riqueza y rasgos de personalidad

Se atribuye a F. Scott Fitzgerald la afirmación de que «los ricos son diferentes de ti y de mí»; y se cuenta que Ernest Hemingway respondió «Sí, tienen más dinero». En realidad, Fitzgerald escribió lo siguiente en una historia breve de 1926 titulada *El muchacho rico* (*The rich boy*): «Déjenme hablarles de los más ricos. Son diferentes de ti y de mí. Tienen muchos bienes que disfrutan desde niños, y eso los vuelve suaves allí donde nosotros somos duros, los hace cínicos donde el resto somos confiados, y todo esto ope-

45. Lauterbach, *Reiche Parallelwelten?*, p. 92.
46. Ibídem, p. 93.

ra de una forma que, salvo que hayas nacido rico, es muy difícil de entender».[47]

Siempre se ha sospechado que los ricos son, de alguna manera, «diferentes», no sólo en términos de cuánto dinero o bienes poseen, sino también en lo tocante a su personalidad. Sin embargo, no hay muchos estudios científicos que puedan confirmar o refutar esta tesis, ni en Estados Unidos ni en Europa. En 2018, un equipo de seis economistas y psicólogos alemanes llevaron a cabo un estudio a gran escala en el que entrevistaron a 130 personas adineradas. Los investigadores utilizaron los resultados para derivar un perfil psicológico que compararon con la población en general.[48]

De los diversos modelos desarrollados por la psicología para describir tipos de personalidad, el de los «cinco grandes rasgos de personalidad» (o los *big five*) es el que ha tenido mayor alcance en las últimas décadas. Pues bien, este estudio de 2018 utilizó una versión condensada de la prueba de los cinco grandes rasgos de personalidad, con ánimo de diferenciar entre cinco rasgos de personalidad. La clasificación es la siguiente:

- *Apertura a nuevas experiencias.* Individuos imaginativos, creativos y curiosos.
- *Conciencia.* Personas minuciosas, meticulosas, diligentes, eficientes, bien organizadas, puntuales, ambiciosas y perseverantes.
- *Extroversión.* Gente elocuente, decidida, emprendedora, enérgica y valiente.
- *Neuroticismo.* Nerviosos y continuamente preocupados por lo que podría salir mal; tienden a reaccionar impulsivamente y, en general, no tienen tanta estabilidad psicológica.
- *Amabilidad.* Exhiben un pronunciado deseo de armonía, tienden a ceder demasiado con rapidez y, con frecuencia, confían demasiado en los demás.

47. Fitzgerald, *El muchacho rico.*
48. Leckelt *et al.*

Cuando se compararon los rasgos de personalidad de la población en general con los de las personas adineradas entrevistadas por los investigadores, éstos detectaron los siguientes patrones:[49]

- Los ricos son emocionalmente más estables y, por lo tanto, menos neuróticos.
- Los ricos son especialmente extrovertidos.
- Los ricos son individuos más abiertos a nuevas experiencias.
- Los ricos son menos amables, lo que significa que son menos propensos a hacer lo que sea para evitar conflictos.
- Los ricos son más conscientes.

Además de la prueba de los cinco grandes rasgos de personalidad, los investigadores también investigaron otros dos rasgos de personalidad planteados por la psicología: el narcisismo y el locus de control interno. Sus hallazgos son:

- Los ricos son más narcisistas.
- Los ricos exhiben un locus de control interno más fuerte. Esto significa que es más probable que estén de acuerdo con afirmaciones como «yo determino el rumbo que sigue mi vida» y en desacuerdo con frases como «lo que logras en la vida es, principalmente, cuestión de suerte o del destino».

Los resultados de este estudio sobre la riqueza son consistentes con los de mi tesis doctoral publicada, *The wealth elite*, que también concluye que los ricos son psicológicamente muy estables (es decir, ciudadanos muy poco neuróticos) y muestra asimismo que las personas más acaudaladas están particularmente abiertas a nuevas experiencias y son más extrovertidas y concienzudas, aunque no necesariamente más amigables.

A diferencia de la encuesta de 130 personas adineradas mencionada anteriormente, mi estudio sobre los más ricos se apoyó

49. Ibídem.

en entrevistas en profundidad de entre una y dos horas de duración cada una. Además, los participantes en el proceso no completaron solamente una versión condensada de la prueba de los cinco grandes rasgos de personalidad, sino que también realizaron la versión detallada, que abarca un total de 50 preguntas.

Uno de los hallazgos clave fue que los ricos son, con frecuencia, personas inconformistas. Disfrutan nadando contra la corriente y desafiando el paradigma predominante, de modo que no tienen reparo a la hora de contradecir la opinión popular o mayoritaria. Otro hallazgo interesante es que los más ricos son especialmente propensos a tomar decisiones basadas en la intuición, y no tanto en un análisis detallado.

Además, los más ricos tienen un enfoque completamente diferente a la hora de gestionar y lidiar con derrotas y contratiempos. La mayoría de la población se atribuye cualquier éxito y no duda en culpar al resto de sus derrotas y contratiempos. En cambio, los más ricos son bastante diferentes en este punto, tal y como mostraron las entrevistas. En su caso, buscan identificar los errores que han cometido y que han provocado situaciones adversas, en vez de excusarse hablando de circunstancias externas o de terceras personas. Esto les brinda una sensación de poder: «Si la culpa es mía, puedo cambiar las cosas. Por lo tanto, tengo el control de mi propia vida». Hay muchas razones por las que algunas personas tienen éxito a la hora de enriquecerse y otras no lo logran, pero la combinación específica de los rasgos de personalidad identificados en ambos estudios es, ciertamente, una razón relevante que explica esos resultados diferentes.

En el estudio de Böwing-Schmalenbrock citado anteriormente se llegó a conclusiones similares. Más precisamente, se encontró que el 64 % de los empresarios y el 68 % de los autónomos están excepcionalmente abiertos a nuevas experiencias, en comparación con el 35 % de las personas de clase media.[50] Por otro lado, los empresarios resultaron ser personas de trato más difícil que los miembros de la clase media. Así, mientras que el 69 % de los miembros de la clase media se definieron a sí mismos

50. Böwing-Schmalenbrock, p. 219.

como personas fáciles de llevar, el porcentaje disminuyó al 60 % entre los empresarios. Sucede al revés en el caso de los trabajadores con salarios superiores al promedio, puesto que en este caso sí se considera que son significativamente más fáciles de llevar que los empresarios y las personas de clase media.[51] Estos hallazgos sugieren que los empleados más exitosos requieren un grado por encima del promedio de adaptabilidad y sociabilidad, mientras que, para los empresarios, la capacidad de manejar confrontaciones es un factor más importante.

En un metaestudio publicado en Estados Unidos por Rauch y Frese en 2000 se investiga la conexión entre los rasgos de personalidad y el éxito empresarial. Los autores sugieren la existencia de una relación no lineal entre el éxito empresarial y la disposición a asumir riesgos: hasta cierto punto, dicho factor impacta positivamente en el éxito empresarial; sin embargo, un nivel más alto de propensión al riesgo puede conducir a resultados negativos. «Convertirse en empresario es arriesgado, pero hacer negocios de manera arriesgada también puede ser peligroso.»[52] Algunos estudios encuentran incluso que la asunción de riesgos está negativamente asociada con el éxito empresarial.[53]

En otro artículo de 2007, Rauch y Frese confirman que los metaestudios han mostrado cierta correlación entre la toma de riesgos y el éxito empresarial, aunque el vínculo es débil. «También existe una correlación, aunque débil, en lo referido a otros rasgos de personalidad. Por lo tanto, sugerimos que, en el futuro, será interesante medir si ese vínculo entre la asunción de riesgos, la creación de negocios y el éxito empresarial es, en efecto, un patrón verdadero.»[54]

Esto también nos obliga a pensar hasta qué punto los propios empresarios califican su propio comportamiento como «arriesgado», especialmente si su comportamiento puede ser percibido como tal por cualquier observador, pero no por sí mismos. «Des-

51. Ibídem, p. 220.
52. Rauch y Frese, «Psychological approaches to entrepreneurial success».
53. Ibídem.
54. Rauch y Frese, «Born to be an entrepreneur», p. 50.

de la perspectiva de un observador, un comportamiento puede juzgarse como altamente arriesgado, pero quizá el empresario puede entender que ese mismo comportamiento no es arriesgado e incluso constituye una forma de minimizar riesgos.»[55] Pues bien, una investigación coordinada por Elizabeth Chell señala que, desde el punto de vista empresarial, incluso la opción de no hacer nada puede parecer extremadamente arriesgada, mientras que una acción que parece arriesgada cuando se analiza desde fuera puede ser vista como una estrategia de reducción de riesgos por el empresario que adopta este tipo de comportamiento.[56]

Un sondeo realizado como parte del estudio de 2015 de UBS y PwC encontró que los multimillonarios tienen una comprensión diferente del riesgo en comparación con el resto de la población. Para ellos, un riesgo mayor podría ser la pérdida de una oportunidad de negocio. «Tienen miedo de perderse una oportunidad, de no aprovecharla, de modo que tienden a no preocuparse tanto por las desventajas asociadas a que su nuevo emprendimiento pueda fracasar y, más bien, se concentran y preocupan por no perder su ventaja competitiva.»[57]

Como hemos visto, la mayoría de las personas adineradas construyeron su fortuna a través de su actividad como empresarios. Por lo tanto, vale la pena examinar los hallazgos de una investigación estadounidense sobre el emprendimiento para responder a la pregunta «cómo se hicieron ricos los ricos».

¿Qué importancia tienen los objetivos que se marcaron estas personas? Michael Frese utiliza el enfoque de la «teoría de la acción» para explorar esta pregunta y señala estudios de autores como Locke o Latham, quienes encontraron que fijarse metas más ambiciosas conduce generalmente a mejores resultados. Ambos citan tres formas diferentes de pensar acerca de las metas: «[...] la primera consiste en fantasear sobre lo bien que estaría haber alcanzado el objetivo; la segunda pasa por preocuparse por lo que supondría dejar de alcanzar una meta, y la tercera se

55. Rauch y Frese, «Psychological approaches to entrepreneurial success».
56. Chell, Haworth y Brearley, p. 43.
57. UBS y PwC, p. 15.

centra en valorar qué supondría lograr esa meta en comparación con la situación y condición actuales de cada uno. Lo primero y lo segundo reducen las posibilidades de éxito, pero lo tercero sí es efectivo para lograr un rendimiento más alto».[58]

Michael Frese y Judith Stewart señalan que cada uno de nosotros adopta una postura más seria o más relajada ante el cumplimiento de metas y objetivos, cuya planificación difiere también dependiendo de la forma de ser de cada uno de nosotros. Uno y otro factor están conectados, pero no son lo mismo: la meta, en sí misma, y el plan, entendido como el proceso para alcanzar la meta, «son aspectos conceptualmente distintos, aunque probablemente estén relacionados empíricamente. Una persona puede ser extremadamente orientada a cumplir metas, pero carecer de precisión en sus planes». Frese y Stewart hablan a este respecto de distintos «estilos de acción» que pueden aprenderse y entrenarse, al menos hasta cierto punto.[59]

Los planes llenan el vacío entre los pensamientos y las acciones, traduciendo las metas en proyectos.[60] Sin embargo, Frese destaca que, en este ámbito, «planificar» no implica necesariamente el afinar y ajustar cada detalle. A veces, un plan puede ser simplemente una idea general de cómo proceder en el camino hacia un objetivo.[61] Además, un empresario que afirma no tener ningún plan en absoluto y dice actuar únicamente por intuición y siguiendo sus «corazonadas» puede estar siguiendo un plan de forma subconsciente.[62]

El diseño de planes de actuación desempeña un papel importante a la hora de llevar a las personas a la acción y reducir la probabilidad de que se olviden de perseguir sus metas.[63] Sin embargo, si los planes son demasiado rígidos y los empresarios

58. Frese, p. 154.

59. Frese y Stewart, «Goal orientation and planfulness: action styles as personality concepts», *Journal of Personality and Social Psychology*, 52 (1987), pp. 1182-1194.

60. Frese, p. 157.

61. Ibídem.

62. Ibídem, p. 158.

63. Ibídem.

se adhieren a ellos religiosamente, incluso en situaciones donde una respuesta flexible podría ser más apropiada, entonces, podríamos decir que estos mecanismos dejan de facilitar el cumplimiento de objetivos e incluso empiezan a obstaculizarlos.[64]

En un relevante artículo publicado en 2004, J. Robert Baum y Edwin A. Locke discuten la importancia de fijarse metas. La evidencia empírica muestra de manera concluyente que «las metas específicas y desafiantes conducen a un desempeño más alto que otro tipo de metas».[65] Esta teoría sobre la motivación que ofrecen las metas concretas y ambiciosas se ha probado de manera exhaustiva en estudios con individuos y también con grupos. Baum y Locke fueron los primeros en aplicarla a los empresarios. Tras encuestas a 229 empresarios, pudieron confirmar su hipótesis de que, «cuanto más altas sean las metas para el crecimiento de la empresa que ha marcado el propietario de la compañía o el CEO de la organización, mayor será el crecimiento posterior de la empresa».[66] La evidencia empírica que recopilaron también confirmó que hay una conexión entre la autoeficacia y la ambición: «[...] cuanto más alta sea la autoeficacia del empresario o del CEO con respecto al crecimiento de la empresa, más altas serán las cotas de crecimiento que experimentará la compañía».[67] Esto es así tanto para el crecimiento de toda una organización como para el cumplimiento de metas individuales. Así, dicho estudio proporciona pruebas demoledoras que demuestran que fijarse metas ambiciosas a largo plazo tiene un impacto significativo en el éxito cosechado: «[...] de esta forma, traducimos nuestra visión en una meta a largo plazo. Los hallazgos positivos de este estudio deben interpretarse como un respaldo al uso y el establecimiento de objetivos a futuro».[68]

64. Ibídem, p. 159.
65. Baum y Locke, p. 590.
66. Ibídem.
67. Ibídem.
68. Ibídem, p. 596.

¿Es necesario ir a la universidad para hacerse rico?

Muchos jóvenes todavía creen que completar su educación superior en la universidad es la mejor forma de ganar mucho dinero y desarrollar una carrera exitosa. En promedio, es cierto que los graduados ganan más que los no graduados. Sin embargo, estos cálculos deben ser tratados con precaución, porque no siempre tienen en cuenta períodos temporales durante los cuales los ingresos de los estudiantes son nulos y, además, se acometen inversiones sustanciales para sufragar el coste de su educación.

De hecho, las cifras del pasado nos dicen muy poco sobre el futuro. Por lo tanto, los jóvenes que abandonan la universidad o que ni siquiera van a la universidad no deberían pensar que de ninguna manera van a tener oportunidades de enriquecerse. A continuación, destaco algunos ejemplos de personas que no terminaron ningún grado universitario, pero lograron crear una gran fortuna:

- *Michael Dell.* Nacido en 1965, en noviembre de 2023 poseía activos netos por valor de 66.600 millones de dólares. Dell es uno de los hombres más ricos del mundo. Después de terminar la escuela secundaria entró en la Universidad de Texas en 1983 y se propuso completar la licenciatura en Medicina. Sin embargo, en lugar de concentrarse en sus estudios, abandonó la universidad en 1984 y se centró en iniciar su propia empresa en Austin (Texas).
- *Richard Branson.* Nacido en 1950, es disléxico y recibía muy malas calificaciones en el colegio. De hecho, abandonó la formación secundaria sin ningún título. En cambio, hoy en día es dueño de numerosas empresas, es multimillonario y una de las personas más ricas del Reino Unido.
- *Steve Jobs (1955-2011).* En 1972, Jobs se graduó de la Escuela Secundaria de Homestead, en Cupertino (California), y se inscribió en el Reed College, en Portland (Oregón). Sin embargo, abandonó la universidad después del primer semestre. No obstante, fundó la que a finales de 2023 era la

empresa más valiosa del mundo, Apple, y se convirtió en multimillonario.

- *Reinhold Würth*. Nació en 1935, y en 1949, con catorce años, su padre lo matriculó en la escuela secundaria, pero también lo contrató como segundo empleado y primer becario de su negocio de fabricación de tornillos, radicado en Künzelsau (Alemania). Se hizo cargo de la empresa a los diecinueve años, cuando su padre falleció, y construyó un negocio global. A finales de 2023 tenía 70.000 empleados, y Forbes estimaba su patrimonio neto en el entorno de los 27.800 millones de dólares, lo que hace de Würth una de las personas más ricas de Alemania.

En su libro *The Education of Millionaires* (2011), basado en entrevistas con una amplia gama de millonarios y multimillonarios que no completaron estudios universitarios, Michael Ellsberg desafía la sabiduría convencional y niega que la formación académica sea un factor relevante a la hora de enriquecerse. «Cerca del 90 % de los entrevistados son millonarios, y algunos son multimillonarios [...]. Todos ellos tienen en común que, cuando les pregunté por el actual sistema educativo, me dijeron "no, gracias", y se centraron en otras cuestiones.»[69] Según la provocativa tesis del libro, muy poco de lo que se enseña en las universidades ayuda realmente a los graduados a alcanzar el éxito financiero; de hecho, en algunos casos, lo que la gente aprende en las aulas es incluso un obstáculo para prosperar económicamente. «La educación sigue siendo necesaria para aprender a hacer el trabajo por el que luego ganas dinero, pero, hoy en día, casi toda la educación que termina resultando rentable a la hora de generar ingresos termina siendo autoeducación y desarrollo propio de inteligencia y habilidades prácticas adquiridas fuera de los límites de las instituciones educativas tradicionales.»[70]

El empresario Erich Sixt, uno de los hombres más ricos de Alemania, abandonó sus estudios de Administración de Empre-

69. Ellsberg, p. 10.
70. Ellsberg, p. 17.

sas después de apenas dos semestres en la universidad, argumentando que lo que le enseñaban se le antojaba completamente irrelevante para su vida y su futura carrera profesional. Razonó que, si las facultades de economía de las universidades conocieran verdaderamente las estrategias y los secretos que permiten enriquecerse, entonces sus profesores serían millonarios o multimillonarios —y claramente no es el caso.

En un experimento interesante, los participantes asumieron el papel del gerente de una fábrica en una simulación de ordenador. Tenían la tarea de mantener un volumen específico de producción de azúcar ajustando las cifras de personal. Durante la fase de aprendizaje, todos los sujetos lograron regular la producción en la fábrica de azúcar a pesar de que no fueron capaces de explicar exactamente cómo lo hicieron.

En otro experimento de simulación con ordenadores, esta vez basado en una fábrica de pantalones vaqueros, los investigadores investigaron la correlación entre el conocimiento y el control del sistema. El estudio concluyó que no había correlaciones significativas entre la calidad del «modelo mental» de un sujeto de prueba y la cantidad de beneficios que generaban. El conocimiento explícito se midió mediante un procedimiento de «enseñanza retrospectiva», cuyos resultados se utilizaron para reconstruir los procesos de pensamiento de los participantes, definiendo de esta forma cuál era su «modelo mental». La investigación no encontró correlaciones significativas entre la calidad del «modelo mental» desarrollado por los participantes en el experimento y la cantidad de ganancias obtenidas a lo largo del mismo. Al mismo tiempo, la calidad de sus procesos de pensamiento para la resolución de problemas no mostró vínculo alguno con la escala de ganancias que generaban. Sorprendentemente, los estudiantes de Administración de Empresas con un conocimiento relativamente amplio de los procesos de negocios generaron ganancias significativamente menores que los estudiantes de otras ramas, como la Educación o la Psicología.

De cara a mi estudio *The wealth elite*, realicé una serie de 45 entrevistas en profundidad con personas que ostentan un patrimonio muy alto, o ultrarricos. La mayoría de ellos habían completado una educación escolar y universitaria decente, al igual que muchos de sus contemporáneos. Sin embargo, las preguntas biográficas de las entrevistas revelaron que no existe correlación entre el desempeño que tuvieron en la escuela o la universidad y el grado de riqueza que luego alcanzaron. De hecho, los entrevistados que obtuvieron mejores resultados en la escuela o la universidad normalmente no figuraban en las cotas más altas de riqueza de mi estudio. Un tercio de los ultrarricos entrevistados no había estudiado en la universidad, y uno de cada siete no se había graduado siquiera en la escuela secundaria.

Los defensores de la teoría del aprendizaje informal afirman que alrededor del 70 % de todos los procesos de aprendizaje humano tienen lugar fuera de las instituciones educativas formales. Por otro lado, la teoría del aprendizaje implícito afirma que los procesos de aprendizaje son, a menudo, inconscientes y/o no dirigidos conscientemente. Para los ultrarricos que entrevisté, las actividades realizadas fuera de la escuela y de la universidad eran algo mucho más importante que la educación formal. Con pocas excepciones, los participantes fueron deportistas *amateurs* de cierto nivel o personas que, desde una edad temprana, lograron ganar dinero por vías atípicas, a través del emprendimiento.

Me resultó especialmente llamativo que más de la mitad de los entrevistados practicasen deportes de forma competitiva a lo largo de sus años de formación. De hecho, muchos de ellos consideraron que estas actividades fueron mucho más importantes que lo aprendido en las aulas. Me transmitieron que, como deportistas, aprendieron a afrontar las victorias y, lo que es más importante, a afrontar las derrotas; también aprendieron a lidiar con la frustración y a desarrollar una mayor confianza en sí mismos. Quienes practicaban deportes de equipo también cultivaron de esta forma distintas habilidades útiles para el trabajo con otras personas, pero, en cualquier caso, la mayoría de los entrevistados no practicaban deportes de equipo, sino que competían individualmente en disciplinas como el atletismo, el esquí, la equitación, la natación, el tenis o el judo. Algunos lograron hitos deportivos impresionantes y ganaron títulos locales, regionales e incluso nacionales. Sin embargo, muchos reconocieron en algún punto que les faltaba el gen competitivo para llegar al más alto nivel, mientras que otros se vieron obligados a abandonar sus carreras deportivas como consecuencia de alguna lesión.

También es sorprendente saber cómo estos ultrarricos ganaron mientras iban a la escuela o la universidad. Los trabajos típicos de adolescentes o estudiantes que pagan un dinero por hora fueron la excepción, ya que la mayoría se adentraron en todo tipo de ideas e iniciativas, revelando así su enorme y temprana creatividad. Vendían de todo, desde cosméticos hasta soluciones de jardinería para el invierno, desde llantas usadas hasta sistemas de lavado automáticos para el coche, desde coches y motos usadas hasta productos financieros como seguros o fondos de inversión inmobiliaria, desde animales que ellos mismos habían criado hasta joyas, desde transistores hechos a mano hasta radios de coche de segunda mano. No cabe duda de que estas experiencias moldearon el carácter de estos futuros empresarios de éxito. Todos ellos aprendieron a organizarse, a vender, a pensar como emprendedores. Aprendieron —a menudo, de forma inconsciente— y adquirieron el tipo de conocimiento implícito que es de vital importancia para cualquier negocio o inversión. Además, estas primeras experiencias empresariales fueron una preparación ideal para poder establecer sus propios negocios con el paso de los años.

Por supuesto, nadie diría que un título universitario supone siempre y en todo caso una desventaja. Al fin y al cabo, muchas personas muy ricas fueron a la universidad. Sin embargo, llegar a este nivel de desempeño académico no es, en modo alguno, un requisito previo para crear riqueza. El hecho es que los ricos no aprendieron sus habilidades y mentalidades más importantes en la escuela ni en la universidad.

El mito de los «ricos ociosos»

En su tesis doctoral, Böwing-Schmalenbrock desmiente el mito de los «ricos ociosos». Casi todos sus encuestados, que tenían el denominador común de ser personas adineradas, trabajan activamente. Además, la mayoría de ellos construyeron su fortuna gracias a su espíritu empresarial, al trabajo por cuenta propia o a los puestos de liderazgo que ocuparon en diferentes organizaciones corporativas. Lo mismo es aplicable a la élite mundial de los ultrarricos, como muestra el estudio de Chrystia Freeland, que señala que «una de las características más sorprendentes de los plutócratas modernos es que, a diferencia de sus predecesores del siglo XIX, la mayoría de ellos son trabajadores que se han hecho ricos».[71]

Incluso un crítico acérrimo de la «creciente desigualdad de ingresos» como Emmanuel Saez ha tenido que admitir que la élite financiera contemporánea está constituida predominantemente por «trabajadores ricos». Según Saez, el trabajo remunerado representaba en 1916 apenas una quinta parte de los ingresos percibidos por el 1 % más rico de los estadounidenses, pero en 2004 ese porcentaje se había triplicado hasta llegar al 60 %.[72]

Sin embargo, persisten diferencias significativas si comparamos las biografías de los estadounidenses o alemanes ricos, por un lado, y los miembros de las élites financieras de países como India o Rusia, por otro.

Raghuram Rajan, profesor de la Universidad de Chicago nacido en India, enfatiza que, a diferencia de Estados Unidos, la mayoría de los ultrarricos de su país natal no son pioneros del software ni fabricantes innovadores. En cambio, «muchas de estas personas se han vuelto enormemente ricas gracias a su proximidad al gobierno [...]. La tierra, los recursos naturales y los contratos o licencias concedidas por el poder político son la fuente predominante de riqueza de nuestros multimillonarios. Todos los factores determinantes de la riqueza dependen del Estado».[73]

De igual modo, muchos de los multimillonarios y milmillonarios de Rusia se beneficiaron enormemente del colapso de la Unión Soviética y de la posterior privatización de los recursos de

71. Freeland, p. 27.
72. Ibídem, p. 27.
73. Citado en Freeland, p. 100.

la nación, especialmente los de las grandes compañías petroleras e industrias manufactureras. A diferencia de sus homólogos estadounidenses, que son inventores de compañías como Google, Microsoft, Amazon, Facebook, Oracle o Starbucks, los ultrarricos rusos deben su patrimonio a la recompensa por estar cerca de los centros de poder político.

3

¿Ser empresario es la única manera de construir una fortuna?

Al leer la prensa financiera, quizá puedes llegar fácilmente a la conclusión de que invertir en el mercado de valores es la mejor forma de construir una fortuna. Sin embargo, muy pocas personas acaudaladas deben el grueso de su patrimonio a su operativa como inversores en productos y mercados financieros. En cambio, en la mayoría de los casos, emprender un negocio por cuenta propia fue el primer paso dado en el camino a la riqueza.

En una encuesta realizada en Alemania entre unos 472 participantes con un patrimonio neto promedio de 2,35 millones de euros, apenas un 2,4 % citó las inversiones en el mercado de valores como la principal fuente de su riqueza.[74] Incluso en Estados Unidos, un país con una tradición mucho más fuerte de inversión en el mercado de valores, un sondeo similar formulado entre 733 millonarios halló que solamente el 12 % de los encuestados atribuía su éxito económico a las inversiones realizadas en el campo del mercado de valores.[75] El autor de dicho estudio concluyó que, aunque muchos millonarios invierten en acciones, el origen de su riqueza está esencialmente en otros campos, caso del emprendimiento, el tra-

74. Böwing-Schmalenbrock, p. 174.

75. Stanley, *La mente millonaria*.

bajo por cuenta propia o el ejercicio de una posición ejecutiva en una compañía.

En el capítulo 12 te explico por qué invertir en acciones es una buena manera de hacer crecer tu riqueza, si sabes lo que estás haciendo y cómo hacerlo. Sin embargo, personas como Warren Buffett, que construyó una inmensa fortuna con sus inversiones en el mercado de valores, son una minoría. Estudios realizados en Alemania y Estados Unidos confirman que elegir la carrera adecuada es otro aspecto clave para el éxito financiero. «Después de estudiar a los millonarios durante más de veinte años», dice Thomas J. Stanley en su famoso estudio sobre los millonarios estadounidenses, «he concluido que, si tomas una decisión tan importante correctamente, podrás ser mucho más productivo económicamente. De hecho, si eres lo suficientemente creativo como para elegir la vocación ideal, puedes ganar mucho, pero que mucho dinero».[76]

Si eres un lector joven y aún no has decidido qué harás después de terminar el bachillerato o la universidad, en este libro encontrarás información útil que te ayudará a tomar la decisión correcta sobre tu carrera. Pero, incluso en el caso de los lectores más mayores que descubran que han elegido la carrera «equivocada», es importante que sepan que nunca es demasiado tarde para cambiar. Al fin y al cabo, la mayoría de las personas ricas no hicieron su fortuna ejerciendo la que fue su profesión original.

En cuanto a mí, comencé mi vida laboral como historiador, trabajando en una universidad. Eso no es lo que me permitió acumular un gran patrimonio, que realmente se construyó a partir del trabajo por cuenta propia y del emprendimiento. Matthias Döpfner, que fue mi jefe durante mi tiempo como editor en el periódico nacional *Die Welt,* tiene un doctorado en Estudios Musicales, pero tampoco fue eso lo que lo hizo rico. En cambio, al ser presidente de la junta directiva de Axel Springer AG, una de las editoriales más grandes de Europa, fue capaz de amasar una gran fortuna, hasta el punto de que la revista *Forbes* estimó que su patrimonio neto llegaba a 1.200 millones de dólares en noviembre de 2023.

Según una encuesta realizada en Alemania entre una mues-

76. Böwing-Schmalenbrock, 31.

tra de personas ricas, dos tercios de estas personas reconocen que cambiaron de carrera al menos una vez durante el transcurso de sus periplos laborales. Cuando el sondeo habla de un «cambio de carrera» no se refiere a ejercer el mismo puesto en una empresa diferente, sino a ocupar un empleo completamente distinto. La encuesta encontró que el 91 % de los emprendedores habían experimentado ese vuelco a lo largo de su carrera, un porcentaje que contrasta con el dato observado al formular la pregunta entre personas de clase media. Para dicho segmento, la fracción de personas que cambiaron de carrera se situó por debajo del 40 %.[77] «Las personas que cambian de carrera durante el curso de sus vidas laborales tienen seis veces más probabilidades de llegar a amasar un gran patrimonio», explica al respecto el estudio.[78]

Tanto los estudios realizados en Alemania como los que se han completado en Estados Unidos coinciden en señalar que los profesionales autónomos, y particularmente los emprendedores, tienen muchas más posibilidades de construir una fortuna que los ejecutivos corporativos. Por supuesto, las posibilidades de amasar una fortuna son más bajas para los empleados por cuenta ajena en comparación con los trabajadores por cuenta propia, puesto que los segundos asumen un riesgo financiero infinitamente mayor. No en vano, conocemos casos de ejecutivos que han arruinado masivamente a su empresa, pero se han llevado una indemnización millonaria al salir de la compañía, mientras que los emprendedores tienen una responsabilidad personal mucho más directa sobre los errores o juicios equivocados en los que pueden caer al frente de sus proyectos.

¿Tienes lo necesario para tener éxito en los negocios?

No todos los emprendimientos empresariales tienen éxito; de hecho, la mayoría de las *start-ups* fracasan después de sólo unos po-

77. Böwing-Schmalenbrock, p. 214.
78. Ibídem, p. 230.

cos años. Las encuestas realizadas entre millonarios alemanes o estadounidenses han demostrado que están mucho más dispuestos a asumir riesgos que la población en general. E, indudablemente, dejar un puesto asalariado para emprender un negocio propio acarrea un riesgo innegable. En este sentido, la riqueza es una recompensa que prima el nivel más alto de riesgo que han asumido quienes han sacado adelante un negocio con éxito. Sin embargo, no te equivoques: correr riesgos no es lo mismo que apostar en un casino. Las personas seriamente adineradas no «apuestan» como quien va al casino o compra un billete de lotería, sino que toman riesgos calculados. En el sondeo realizado entre millonarios estadounidenses que cité anteriormente se les preguntó a los participantes si habían jugado a la lotería en los últimos doce meses y, curiosamente, este porcentaje es mucho menor entre las personas de gran patrimonio que entre el resto de la población. Así, para el primer grupo, en el que figuran individuos con un patrimonio neto de más de diez millones de dólares, solamente una de cada cinco personas respondió afirmativamente a la pregunta. En cambio, entre las personas de renta media, uno de cada dos encuestados decía haber jugado a la lotería durante el último año.[79]

Ciertos rasgos de personalidad juegan un papel mucho más importante a la hora de determinar el éxito empresarial que la elección de una especialidad en la universidad. Muchos empresarios ni siquiera fueron a la universidad, según el Estudio del Ciclo de Vida de Terman, que siguió la trayectoria de más de 1.600 personas residentes en el área de Berkeley (California), a lo largo de un período de sesenta años.[80] Los investigadores analizaron datos tomados de 718 entrevistas para determinar los rasgos de personalidad más propensos a llevar a una carrera como empresario. Dicho trabajo examinó los cinco grandes rasgos de personalidad (apertura, conciencia, extroversión, neuroticismo y amabilidad) y halló que las puntuaciones más altas en los campos de la apertura, la conciencia y la extroversión resultaron ser las más propicias para el emprendimiento,

79. Stanley, *La mente millonaria.*
80. Datos citados a partir de los trabajos de Eva Schmitt-Rodermund.

mientras que aquellos que obtuvieron puntuaciones altas en los campos de la amabilidad y el neuroticismo no presentaban probabilidades significativas de llegar a ser empresarios exitosos. El estudio halló que la probabilidad de dirigir una empresa en algún momento de sus vidas era de un 50 % para las personas con una personalidad «emprendedora», duplicando el resultado cosechado por aquellas personas que carecían de estos rasgos.

Por encima de todo, el emprendimiento requiere el coraje de nadar contra la corriente. En su influyente *Teoría del desenvolvimiento económico*, publicada por primera vez en 1912, hace más de cien años, el economista austriaco Joseph A. Schumpeter presenta una investigación exhaustiva sobre la psicología del empresario. Uno de sus hallazgos clave fue que los empresarios no están tan guiados por normas socialmente aceptables como el resto de la población. Aunque Schumpeter no usa exactamente el término, caracteriza a los empresarios exitosos como lo que hoy definiríamos como personas no conformistas.

«Cuando un miembro de un grupo social se desvía de la conducta del resto», explica Schumpeter, «tal posición puede llevar a una situación de ostracismo y prevención».[81] Por eso, una mayoría responde a las amenazas evitando desviarse de la costumbre social: «[...] bajo ciertas circunstancias, la oposición de la sociedad opera como un estímulo para muchas personas».[82]

«No sólo es objetivamente más difícil hacer algo nuevo que se diferencie de aquello que nos resulta familiar y se ha visto probado por la experiencia, sino que, además, el individuo siente reluctancia a actuar así y, sin duda, lo haría incluso cuando no existieran dificultades objetivas para hacerlo [...]. Para arrancar de cero, se precisa de un tipo nuevo y diferente de fuerza de voluntad. De esta forma, en medio del trabajo y cuidado de las rutinas diarias, se genera el espacio y el tiempo necesario para concebir una nueva combinación y considerarla como una posibilidad real, no sólo como un sueño diurno. Esta libertad mental presu-

81. Schumpeter, *Teoría del desenvolvimiento económico*.

82. Ibídem, p. 87.

pone una gran fuerza adicional sobre la demanda. Es algo peculiar y, por naturaleza, raro.»[83]

Por lo tanto, «el empresario típico es más egocéntrico que otros, porque confía menos en la tradición y en la conexión y porque su tarea característica consiste precisamente en romper con lo antiguo y crear nuevas tradiciones».[84] El emprendedor «busca dificultades, cambia para cambiar, se deleita en el proceso de emprender nuevos proyectos».[85]

Schumpeter se pregunta qué impulsa a los empresarios, y se muestra convencido de que «el resultado financiero es una consideración secundaria o, en todo caso, valorada más como un indicador de éxito y un síntoma de victoria cuya consecución o exhibición es, a menudo, más importante que el deseo de una gran cantidad de dinero con la que financiar el consumo de bienes y servicios costosos [...]. La ganancia pecuniaria es, de hecho, una expresión muy precisa de éxito [...], y, desde el punto de vista del hombre que se esfuerza por ello, tiene la ventaja adicional de ser un hecho objetivo y, en gran medida, independiente de la opinión de los demás».[86]

Schumpeter presenta varios argumentos para demostrar que los empresarios no están motivados principalmente por la mera búsqueda de un nivel de consumo conspicuo. Asegura que «la actividad del emprendedor es, evidentemente, un obstáculo para el disfrute hedonista de los tipos de bienes que generalmente se adquieren con ingresos que van más allá de cierto tamaño, porque el "consumo" de los mismos exige tiempo de ocio».[87] Ya sea de manera consciente o subconsciente, el emprendedor tipo que define Schumpeter está impulsado por dos motivos principales: la «voluntad de conquistar» y la «alegría de crear».[88] Schumpeter no niega que el deseo de satisfacer deseos o «necesidades»

83. Ibídem, p. 86.
84. Ibídem, pp. 91-92.
85. Ibídem, pp. 93-94.
86. Ibídem, pp. 93-94.
87. Ibídem, p. 92.
88. Ibídem, p. 93.

particulares pueda actuar como un factor motivador. «En todo caso, el significado de la acción económica es la satisfacción de deseos, en la medida en que no habría acciones económicas si no hubiera deseos.»[89] Sin embargo, los economistas tienden a subestimar la motivación no hedonista de la búsqueda de poder e independencia. «Lo que se puede lograr mediante el éxito industrial o empresarial sigue ofreciendo al hombre moderno la posibilidad de acercarse lo máximo posible al señorío medieval», escribe Schumpeter.[90]

«Típicamente, los empresarios se retiran de la arena solamente cuando su fuerza está agotada y ya no se sienten capaces de seguir estando a la altura de su tarea. Esto no parece responder a la típica imagen del "hombre económico" que busca equilibrar los resultados probables contra la pérdida de utilidad del esfuerzo y, a partir de ahí, determinar un punto de equilibrio más allá del cual no se está dispuesto a ir.»[91]

Autoeficacia

Las investigaciones sobre el emprendimiento han demostrado de manera concluyente que las personas que eligen convertirse en empresarios tienen un alto nivel de autoeficacia. Dicho concepto juega un papel clave en la teoría cognitiva social de Albert Bandura: «La autoeficacia se refiere a los juicios que hacen las personas sobre sus habilidades a la hora de realizar una tarea específica o de actuar en una situación específica». Según esta teoría, «los juicios de autoeficacia influyen en la elección de actividades, el grado de esfuerzo, los períodos de persistencia, el afrontamiento de situaciones, la emoción y, finalmente, el desempeño».[92]

En otras palabras, el concepto de *autoeficacia* se utiliza para describir el nivel de fe en sus propias habilidades que exhiben las

89. Ibídem, p. 91.
90. Ibídem, p. 93.
91. Ibíde,m, p. 92.
92. Pervin, *La ciencia de la personalidad.*

personas a la hora de dominar situaciones difíciles. Los dos extremos del espectro se mueven entre dos convicciones radicalmente distintas: el «puedo hacer esto», que denota un alto nivel de autoeficacia, y el «nunca podré hacer esto, ¿qué pensarán las personas de mí?», que acarrea un bajo nivel de autoeficacia.[93]

El concepto de autoeficacia ha demostrado ser un predictor mucho más poderoso del éxito empresarial que otros rasgos de personalidad. Rauch y Frese citan los hallazgos de estudios empíricos que han demostrado que los empresarios exitosos obtienen puntuaciones más altas que el resto de las personas en las pruebas o evaluaciones de autoeficacia. «Además, la autoeficacia exhibe una correlación muy alta con el éxito en un metanálisis (r corregida = 0,419). Dicha correlación es tan alta como la que se observa entre peso y altura en adultos estadounidenses, que es una de las relaciones más altas de la estadística medicinal.»[94]

Un estudio alemán evaluó a 98 propietarios de pequeñas empresas en relación con 29 rasgos de personalidad y mostró una correlación más alta para la autoeficacia (r = 0,41) que para cualquier otro parámetro evaluado. En cambio, la correlación entre el éxito y la disposición a asumir riesgos resultó ser insignificante en términos comparados (r = 0,11).[95] Otro estudio comparó a empresarios que obtuvieron puntuaciones altas en lo referido a la autoeficacia, el deseo de dominio o el locus de control interno con otros empresarios que registraban puntuaciones más bajas en esos tres rasgos de personalidad. El 89 % de los empresarios en el primer grupo lograron altos niveles de éxito empresarial, en comparación con el 11 % del segundo grupo que lo alcanzó.[96]

Estudios realizados en Estados Unidos también han acreditado que existe una correlación significativa entre la «autoeficacia del emprendedor» y el éxito empresarial. Esto es especialmente acusado en las etapas iniciales de la carrera del emprendedor. La «autoeficacia del emprendedor» mide «la fuerza de la creencia

93. Ibídem.
94. Rauch y Frese, «Born to be an entrepreneur», p. 53.
95. Göbel y Frese, p. 101.
96. Göbel, p. 109.

de una persona de que es capaz de desempeñar con éxito los diversos roles y tareas del emprendimiento».[97] Esta creencia es aplicable a campos como la innovación, la asunción de riesgos, el marketing, la gestión y las finanzas.[98]

¿Qué significa todo esto para ti?

Entonces, ¿es el momento de renunciar a tu trabajo como asalariado y de poner en marcha un negocio para así crear una fortuna? Para hacer algo así y hacerlo con éxito, necesitarías asegurarte de que tienes ciertas habilidades y cualidades, así como una disposición a correr riesgos por encima de la que tendría la persona promedio, cosa que muchos aspirantes a emprendedores tienden a pasar por alto.

Desafortunadamente, las escuelas y las universidades aportan muy poco a la hora de preparar a los jóvenes para desempeñar su carrera en el mundo de los negocios, como denuncia acertadamente Günter Faltin. Este profesor de Emprendimiento de la Universidad Libre de Berlín recalca que los programas de MBA tradicionales tienden a centrarse en los aspectos operativos de administrar un negocio, descuidando la importancia de comenzar con la idea conceptual correcta. Este vicio también está presente en parte importante de los consejos que se brindan a los emprendedores.[99]

«La calidad de la idea es el factor clave para el éxito», reitera Faltin una y otra vez.[100] Para montar un negocio exitoso, los aspirantes a empresarios deben seguir repensando su plan original hasta que encuentren una solución que sea mejor (y, si es posible, mucho mejor) que cualquier alternativa u opción disponible en la actualidad en el mercado.[101]

97. Chen, Greene y Crick, citados en Locke y Baum, pp. 98-99.
98. Locke y Baum, p. 99.
99. Faltin, p. 36.
100. Ibídem, p. 14.
101. Ibídem, p. 16.

En su opinión, los programas de MBA tradicionales hacen poco a la hora de dotar a los estudiantes de las habilidades que les pueden ayudar a convertirse realmente en emprendedores exitosos. La mitad del material enseñado en estos cursos es tan trivial que cualquiera con un poco de cerebro puede descubrirlo y entenderlo sin tener que ir a la universidad. Y la otra mitad de lo que se enseña es demasiado compleja como para tener alguna aplicación práctica. En la práctica, los programas de MBA son más adecuados para preparar a los estudiantes que se disponen a trabajar por cuenta ajena en corporaciones extremadamente complejas, pero no tan útil a la hora de facilitar que puedan administrar sus propios negocios.

Faltin enumera los siguientes criterios que deberían seguir quienes aspiran a ser empresarios:

- Desarrollar una ventaja competitiva significativa que sea inmediatamente evidente ante los ojos de los clientes potenciales.[102]
- Mantenerse al menos un paso por delante de cualquier posible imitador.
- Salvaguardar la idea empresarial contra la obsolescencia económica o tecnológica.
- Minimizar los costes financieros.
- Hacer del marketing una parte integral de los procesos de diseño.

Faltin sostiene que un emprendedor se parece más a un artista que a un ejecutivo corporativo, con tasas de fracaso que van del 30 al 80 % según diferentes estudios.[103] Por eso, para tener éxito como emprendedores, es recomendable eliminar todos aquellos factores de riesgo que sea posible sacar de la ecuación. Faltin evangeliza sobre la importancia de tener precaución, ya que, «si sigues teniendo dudas, entonces no estás listo para lanzar tu negocio».[104]

102. Ibídem, p. 42.
103. Ibídem, p. 56.
104. Ibídem, p. 140.

Esto va contra la sabiduría convencional, pero el académico reconoce que «décadas de experiencia» le han llevado a cambiar de opinión: «He visto cómo han fracasado muchas *start-ups*. Me he topado con muchas ideas que no estaban lo suficientemente "cocinadas". He visto a mucha gente que se comprometió rápidamente con obligaciones empresariales que luego fueron incapaces de cumplir».[105]

Algunas personas ponen en marcha un negocio porque, por uno u otro motivo, no pueden realizar su trabajo como empleados por cuenta ajena. En la mayoría de los casos, fracasarán. He visto a gente que pasa de una empresa a otra y no encaja en ningún lado. Con frecuencia, son el tipo de personas que siempre creen saber más que quienes dirigen la empresa para la que trabajan. Sin embargo, tan pronto como ponen en marcha su propio negocio, se dan cuenta de que siguen trabajando para un jefe, el mercado, que, además, resulta ser aún más exigente y hasta despiadado. Por otro lado, muchos de ellos carecen de cualidades clave para tener éxito, como, por ejemplo, la autodisciplina.

Es por eso que puede ser una buena idea probar las aguas antes de sumergirse de cabeza. Si tienes éxito en tu trabajo, pero cultivas una buena idea de negocio, ¿por qué no establecer tu empresa como un segundo proyecto, al menos por ahora? Eso es lo que hice yo mismo. Después de completar mi doctorado, me pasé cinco años trabajando como asistente de investigación en la universidad. Sin embargo, complementé mi ingreso ordinario trabajando como consultor para una editorial y escribiendo reportajes o reseñas de libros en varios periódicos.

Después, cuando trabajaba como editor sénior para el periódico nacional *Die Welt* y ganaba un salario superior a la media, tuve la idea de crear una sección de información inmobiliaria en el periódico. Quien entonces era mi jefe y posteriormente fue elegido presidente de la junta directiva de Axel Springer AG apoyó mi propuesta. Posteriormente, convencí al grupo propietario de *Die Welt* para que se beneficiase de las tendencias del mercado inmobiliario a través de la organización de eventos y confe-

105. Ibídem, p. 141.

rencias. El primer paso fue convencer a los editores y, posteriormente, sacar adelante una conferencia sobre oportunidades de inversión inmobiliaria en mercados extranjeros.

Quise aprovechar el éxito de esta primera conferencia, cuyas ganancias fueron a parar a mi empleador, a base de organizar una nueva cumbre, quizá dos o incluso tres. Sin embargo, mis jefes decidieron esperar un año. Decepcionado, les pedí permiso para llevar a cabo estas conferencias y seminarios por mi cuenta, puesto que sabía que habría interés por conocer cuestiones como la fiscalidad de la construcción y los bienes inmuebles.

Éste fue el comienzo de la Mesa Redonda del Sector Inmobiliario de Berlín (o Berlin Real Estate Round Table), un foro que ha organizado más de 360 eventos desde 1998. Dicho con otras palabras, lo que hice fue aprovechar la oportunidad de trabajar por cuenta propia sin tener que renunciar a la seguridad financiera que me daba un puesto de trabajo permanente. Pronto, con el paso de unos pocos años, los ingresos de mis actividades por cuenta propia lograban igualar el salario de mi trabajo diario, de modo que mi renta mensual se había duplicado.

Esto me dio la confianza para iniciar mi propia empresa en el año 2000. Se trataba de una compañía de consultoría que asesoraba a firmas del sector inmobiliario sobre cuestiones como su posicionamiento en el mercado o sus acciones de comunicación. Por supuesto, combinar esto con mi trabajo como editor habría generado distintos conflictos de intereses, así que pronto fui consciente de que era hora de decidir. Por suerte, precisamente en aquel momento, el presidente de una gran empresa cotizada del sector inmobiliario intentó contratarme para un puesto como director de Estrategia y Comunicaciones. Aunque decliné, le hablé de mi idea de generar este nuevo emprendimiento. En el acto, él me ofreció convertirse en mi primer cliente y, después de recibir compromisos de varias otras empresas a lo largo de las siguientes semanas, renuncié a mi trabajo en el diario y empecé a funcionar con mi propia empresa. En los años siguientes, establecí mi empresa, Dr. ZitelmannPB, GmbH, que llegó a convertirse en la principal consultora de comunicación alemana especializada en empresas del sector inmobiliario. La compañía creció hasta que, quince años después, la vendí a través de un proceso de MBO (*management buy out*) que transfirió la compañía a varios directivos y gestores de la firma.

Un conocido que hoy opera como un exitoso agente inmobiliario en Berlín también comenzó su actual trabajo como un segundo empleo mientras aún estaba en nómina de otra compañía, en este caso una sociedad del sector industrial manufacturero. Terminaba su trabajo regular a las 17.00 horas, pero después trabajaba como agente inmobiliario e iniciaba su otro turno de una larga jornada. Aunque trabajaba con frecuencia hasta la medianoche, nunca descuidó su empleo cotidiano; al contrario, incluso fue promocionado con un ascenso. De igual modo, otro profesional al que conozco personalmente inició un estudio de *fitness* como un proyecto secundario. Entonces, la industria del *fitness* estaba en una fase temprana, cuando aún era posible que un gimnasio operase de las 17.00 a las 23.00 horas y obtuviese ganancias notables.

Darte un «período de prueba» para ver si tienes lo necesario para dirigir un negocio exitoso puede ser una buena idea. Sin duda, es una buena manera de minimizar los riesgos asociados a todo el proceso —pero debes tener cuidado de no descuidar tu ocupación regular—. Si le das a tu jefe alguna razón para dudar de tu compromiso absoluto, es probable que revoque tu permiso y decida que ya no cuentas con su bendición para asumir un segundo empleo. Si quieres que funcione esa segunda vía, ¡necesitas estar más centrado que nunca en tu primera ocupación!

Cuando llegues al punto en el que sientas que es el momento de dar el paso definitivo hacia el trabajo por cuenta propia y a tiempo completo, debes ayudar a capacitar a la persona que sea elegida para ocupar el trabajo que estás abandonando. Presentar tu renuncia sin proponer un reemplazo adecuado sería desleal e irresponsable. Cuando dejé mis labores en el periódico sugerí que mi subordinado, que había dejado otra división en la empresa para trabajar conmigo en la nueva sección de bienes inmuebles de *Die Welt*, asumiera ese trabajo. Tenía confianza en que lo haría muy bien.

Asumido este paso al frente, lo cierto es que tuve suerte, y mi presentimiento resultó ser correcto. La empresa que fundé se convirtió rápidamente en una compañía líder del nicho de mercado que habíamos elegido. Aunque la firma obtuvo un nivel decente de beneficios desde el principio, me aseguré de mantener un estilo de vida modesto durante los primeros años. Así, seguí viviendo en un apartamento alquilado, conduciendo un automóvil de gama media, etcétera.

Sin embargo, también tuve otras experiencias que me enseñaron que nunca debo dar por sentado mi éxito. En 2010 lancé una agencia de modelos llamada CAT Model Management AG. Tenía planes bastante ambiciosos, contraté a varios agentes de reservas y cazatalentos experimentados que habían trabajado en diferentes países y con varias agencias prestigiosas como Ford, Elite o Megamodels. Conseguimos hacernos un nombre, algunos de los talentos que descubrimos fueron destacados en Vogue y otras revistas de moda y participaron en pasarelas de alto nivel, como la Semana de la Moda de Berlín. Sin embargo, rápidamente me di cuenta de que el proyecto no alcanzaría el punto de equilibrio en el corto plazo. Pensé en comprar otra agencia o, al menos, parte del accionariado de otra firma del sector, pero revisé los datos de una prestigiosa agencia internacional que tenía en mente y, tras evaluar esos KPI (*key performance indicators*, o indicadores clave de desempeño), concluí que mi sospecha era certera. Sin duda, el propietario de la firma sabía de modelaje mucho más que yo y, con todo, sus números revelaban que es muy difícil ganar dinero de verdad en dicho sector. Por eso decidí no comprar ninguna participación en esa agencia, dejar de incurrir en pérdidas y disolver CAT Model Management AG.

En resumen, creo que es evidente que los profesionales independientes y los empresarios están en una posición mucho más favorable que los ejecutivos corporativos a la hora de construir una fortuna. Sin embargo, no hay que subestimar los riesgos asociados al proceso. En muchos casos, antes de renunciar a tu trabajo diario, tiene sentido probar suerte en un proyecto por cuenta propia a manera de segundo empleo capaz de generar un ingreso complementario. Hay muchas lecciones que aprender de los emprendedores exitosos, pero más aún de los muchos emprendedores que lo han intentado y han fracasado en el proceso.

Una cosa que siempre debes tener en cuenta es que es muy probable que necesites más dinero del que anticipaste. Además, si tu idea de negocio sólo va a funcionar si todo sale según lo planeado, debes hacerte a la idea de que, probablemente, estás destinado al fracaso. Una vez que hayas lanzado tu empresa, tendrás que experimentar con diferentes ideas, lo que requiere paciencia, nervio y recursos financieros.

Si dependes de inversores externos, no subestimes su impaciencia. Con demasiada frecuencia, el capital riesgo y otras formas de inversión cortan lazos mucho antes de que la empresa tenga una oportunidad genuina de tener éxito. Sin embargo, para tus inversores, tu compañía es sólo una de muchas. ¿Son lo suficientemente pragmáticos como para cubrir su apuesta por tu compañía y aguantar que la mayoría de los proyectos que respaldan acaben fracasando? Debes hacerte esta pregunta antes de contar con su dinero, y también debes tener en cuenta esta cuestión si no buscas esa financiación, pero aspiras a construir tu propio negocio.

No estoy tratando de desanimarte. En absoluto. Lo que estoy intentando hacer es prevenirte de la idea equivocada que plantea el emprendimiento como la solución correcta a la que puede acudir cualquiera que pretenda construir una fortuna. Si la seguridad financiera es algo importante para ti, puede ser mejor enfocarte al cien por cien en tu carrera como ejecutivo corporativo mientras ahorras dinero y haces inversiones inteligentes para hacer crecer tu patrimonio.

Eso sí, no importa si tu objetivo es llegar a la cima en la gestión empresarial o si estás buscando construir tu fortuna como profesional autónomo o empresario: recuerda que no llegarás lejos a menos que aprendas a vender. Por eso, el próximo capítulo está dedicado a la habilidad de vender, que es, con diferencia, la más importante que puedes tener en cualquier tipo de negocio.

4

Saber vender es esencial para construir tu riqueza

Después de mi experiencia como profesor universitario, acepté un puesto como editor sénior de una importante empresa editorial alemana, Ullstein-Propyläen-Verlag. El mundo de las publicaciones no es conocido por sus generosos salarios, por decirlo elegantemente, y Ullstein-Propyläen no era ninguna excepción. Sin embargo, pronto me di cuenta de que un trabajador de la empresa ganaba más que cualquier otro, más incluso que el director general y que los editores más experimentados de la compañía. ¿Quién era ese trabajador? Se trataba del mejor vendedor de la compañía, y su trabajo consistía en persuadir a librerías y grandes almacenes para que pusieran en sus estanterías los libros que editábamos e imprimíamos.

Las estadísticas salariales revelan que los directores de Ventas ganan invariablemente más que cualquier otro gerente sénior. Están en la cima de la jerarquía salarial, por encima de directores comerciales, directores técnicos, directores financieros, directores de Recursos Humanos o directores dedicados a investigación y desarrollo.[106] En cualquier industria en la que trabajes, sea cual sea tu profesión, tanto si estás empleado por cuenta ajena o si eres

106. Kraus y Gross, p. 137.

autónomo, encontrarás que los roles de ventas siempre tienen salarios más altos.

Incluso en grandes corporaciones bancarias, es frecuente que los banqueros de inversión que trabajan en fusiones y adquisiciones, o M&A (*mergers and acquisitions*), ganen más que los miembros del consejo directivo. La diferencia radica en que los salarios de los miembros del consejo se publican en los periódicos, mientras que los ingresos de los banqueros de inversión no están sujetos a tal obligación de transparencia. Los banqueros de inversión especializados en M&A son expertos en ventas que saben cómo enfocar el proceso de fusión, adquisición y traspaso de una compañía. Gran parte de sus salarios está basada en comisiones («bonus por éxito»).

Ningún empresario ganaría dinero sin ser un buen vendedor. Y la única forma de compensar la falta de habilidades para la venta es... delegar esa función en alguien que sepa.

Los estudios confirman la importancia de saber vender

Como mencioné anteriormente, la elaboración de mi tesis doctoral, *The wealth elite*, me permitió hablar extensamente con 45 individuos extremadamente ricos. Hubo muy pocos puntos de mi cuestionario en los que la respuesta ofrecida fuese tan unánime como aquel en que pregunté por la importancia de la habilidad para la venta. Con independencia del sector en el que trabajaban los participantes en el sondeo, dos tercios de ellos me transmitieron que saber vender había sido una contribución decisiva en su historia de éxito. De hecho, más de un tercio de los encuestados atribuyó entre el 70 y el cien por cien de su éxito financiero a sus habilidades de ventas. Y todo esto a pesar de que, al menos a primera vista, muchos de los entrevistados no parecían encajar en el estereotipo de vendedores. Al final, la investigación demostró que éste es uno de los secretos del éxito económico de los ricos.

Para los millonarios entrevistados, hablar de ventas es hablar de mucho más que la mera comercialización de un proceso, producto o servicio. Todos ellos definieron las ventas de manera más amplia, entendiendo esta disciplina como el proceso de convencer a otras personas, ya sea persuadiendo a un político para que permita un desarrollo inmobiliario, a un inversor destacado para unirse al accionariado de su empresa, a sus empleados para que compartan su visión de futuro para la compañía o a un banquero para que apruebe un préstamo. «Todo son ventas», razonó un entrevistado. De hecho, algunos participantes en el estudio me transmitieron que el «no» que a menudo se escucha al principio de un proceso de ventas no suele ser interpretado por ellos como algo negativo o definitivo. Es más: reconocieron que convertir un «no» en un «sí» fue lo que más les deleitó.

Lograr algo así requiere mucha empatía, como muchos de los entrevistados enfatizaron a lo largo de nuestras charlas. Destacaron la importancia de saber «leer» a las personas, de obtener una comprensión intuitiva de sus miedos, bloqueos u objeciones para saber cómo disiparlos. Algunos de los entrevistados se describieron a sí mismos como personas particularmente sensibles o incluso como buenos «psicólogos».

Además de la empatía, el conocimiento especializado también es de gran importancia, aunque esto debe combinarse siempre con una buena dosis de habilidades didácticas. Los entrevistados mencionaron con frecuencia que «poder explicar las cosas claramente» es una habilidad crucial en las ventas exitosas. Por otro lado, la importancia de establecer redes de contactos también fue subrayada repetidamente. Los entrevistados describieron cómo, con diligencia, compromiso, perseverancia y determinación, fueron capaces de tejer esas alianzas que luego contribuyeron a crear la base de su éxito financiero.

Mis entrevistados no desarrollaron su habilidad para venderse a sí mismos en la escuela o la universidad. Las entrevistas en profundidad que realizamos revelaron que la mayoría de estos multimillonarios aprendieron a vender en su juventud. No estaban en ninguna clase ni ninguna facultad cuando empezaron a ganar dinero con sus habilidades de ventas. No eran trabajadores cualificados cuando su carrera echó a andar y empezó a despuntar. Y fue así como adquirieron y desarrollaron una experiencia en ventas que luego les ayudó a enriquecerse.

Ser un buen vendedor es extremadamente importante para los empresarios, pero no solamente ellos deben preocuparse por esta cuestión. De hecho, cualquier persona que quiera enriquecerse necesita aprender a venderse. En el pasado, profesionales como médicos, contables o abogados a menudo no eran conscientes del grado en que su éxito económico también dependía de tener una buena habilidad a la hora de venderse a sí mismos. Por supuesto, la experiencia técnica es la base de su negocio; sin embargo, más allá de cierto punto, los pacientes o clientes no pueden evaluar ni comparar exhaustivamente la calidad de esta experiencia técnica. Por eso, a menos que busques el éxito a base de atraer clientes mediante la publicidad, la difusión de tu experiencia y tu posicionamiento como un experto de referencia ante tu audiencia objetivo, lo cierto es que contar con una amplia experiencia no se traducirá en una renta muy superior a la de quien tiene un bagaje promedio. De hecho, es más posible que muchos de tus posibles pacientes o clientes acaben acudiendo a competidores que tienen la misma cualificación, o incluso menos, pero que son mejores vendiendo sus servicios.

En el mundo del espectáculo, la construcción de marca y el posicionamiento son habilidades esenciales. En la industria del pop, los ingresos más altos no son percibidos por aquellos que tienen las mejores voces, sino por estrellas que dominan con maestría el arte de la autopromoción. En cierto sentido, esto también es aplicable a ciertos ámbitos del deporte. Por supuesto, tener una capacidad superior es un requisito previo, pero los contratos publicitarios más grandes tienden a ir a aquellos deportistas que son buenos vendiéndose a sí mismos y saben crear una marca que represente algo más que la mera destreza técnica en el campo.

Arnold Schwarzenegger, que logró tener éxito en el deporte, en la industria cinematográfica y en la política, hace algunas reflexiones a este respecto. El austriaco, que llegó a ser uno de los actores mejor pagados de Hollywood durante algunos años, afirma lo siguiente: «No importa lo que hagas en la vida, las ventas son parte del proceso siempre [...]. Puedes ser un gran poeta, un gran escritor o un genio del laboratorio. Pero, por mucho que seas el mejor en tu trabajo, si la gente no lo sabe, ¡no tienes nada!».[107]

¿Por qué, en general, los roles laborales que implican labores de ventas tienen salarios más altos? Al igual que sucede con todo en el mundo empresarial, los ingresos de los trabajadores están mediados por leyes de oferta y demanda. A la mayoría de las personas no les gusta o no se les da bien vender. Afirman no «tener lo necesario» para hacerlo, se consideran «inútiles» para convencer a los demás de algo... En cambio, los buenos vendedores son una rareza, porque sí abrazan ese proceso de acercamiento a terceros. Por eso ganan más que los demás. Es tan simple como eso.

Ser bueno vendiendo requiere una combinación de habilidades específicas y rasgos de personalidad que poca gente tiene. El buen vendedor necesita reunir todas las siguientes cualidades:

1. *Carácter agradable.* Para ser bueno en ventas, necesitas parecer alguien a quien los demás puedan apreciar y en quien confíen.
2. *Habilidades excepcionales de* networking. Debes estar abierto a conocer gente nueva y saber expandir tu red de contactos donde quiera que vayas.
3. *Alta tolerancia a la frustración.* La habilidad clave para cualquier buen vendedor es no darse por vencido ante el rechazo. En lugar de aceptar un «no» como respuesta, el buen vendedor trabajará arduamente para convertir ese «no» inicial en un «sí». Un buen vendedor sabe que escuchará muchas más objeciones que respuestas afirmativas antes de cerrar el trato.
4. *Altos niveles de empatía.* Es importante tener la capacidad de ponerse en el lugar de la otra persona y escuchar lo que tienen que decir, pero también hay que entender cómo llevar a cabo la negociación y cerrar el trato.

107. Schwarzenegger, *Desafío total.*

5. *Buenos niveles de autoconfianza.* Si careces de confianza en ti mismo, no podrás desarrollar la suficiente tolerancia a la frustración que requieren las ventas.
6. *Experiencia técnica.* La calidad en la ejecución se vuelve aún más importante cuanto más caros sean los bienes o servicios que estás vendiendo. No podrás vender inmuebles a cientos de millones de dólares ni empresas a cientos o miles de millones de dólares a menos que tengas una considerable experiencia técnica y estés despachando algo que valga la pena.

Éstas son las cualidades que determinan el desempeño y salario de un vendedor. Para ser bueno vendiendo, tienes que desarrollar tantas de estas cualidades como puedas, y hacerlo a un nivel alto.

Los salarios de los vendedores también dependen de forma más directa y explícita de las dinámicas de oferta y demanda que los ingresos percibidos por cualquier persona de otro campo del saber. Los mejores vendedores, ya sean agentes inmobiliarios, banqueros de inversión, intermediarios financieros o representantes farmacéuticos, ganan la mayor parte de su salario en forma de primas o comisiones que se basan directamente en su desempeño ante los clientes.

Hay otra razón por la cual los buenos vendedores tienen salarios tan altos. Se trata de una forma de compensación que no solamente toma en consideración los muchos «no» con los que se enfrentan incluso los mejores profesionales, sino que también recoge la relativa falta de «seguridad» inherente a esta actividad. Estos trabajadores nunca pueden dormirse en los laureles, como sí pueden hacer otros gerentes sénior durante algún tiempo. Al comienzo de cada mes, el vendedor tiene que empezar de cero nuevamente. A nadie le importan las cifras de ventas de «ayer», lo único que cuenta es su desempeño «hoy». Aquellas personas que buscan seguridad sueñan con empleos en el sector público, mientras que la gente que prospera en contextos de riesgo y oportunidad se vuelca en las ventas. La perspectiva de tener un ingreso más alto acarrea para ellos un incentivo más poderoso que la seguridad asociada a tener un trabajo asegurado para toda la vida y un salario que llega de forma regular a su cuenta de banco.

En otras palabras, la única seguridad laboral que tiene un buen vendedor es su autoconfianza. En vez de buscar comodidad, los buenos vendedores prefieren confiar en sus propias habilidades y su capacidad para cerrar tratos mes a mes, para así seguir ganando un salario más alto. Los buenos vendedores saben que siempre serán necesarios, especialmente en tiempos de crisis, cuando las empresas tienen aún más necesidad de contar con gente de su talento para seguir operando en un contexto de difíciles condiciones económicas.

Incluso para aquellos que carecen de un título universitario, el proceso de ventas ofrece mejores oportunidades para ganar un ingreso alto que cualquier otro campo profesional. Las cualificaciones formales (por ejemplo, tener un expediente académico brillante) son irrelevantes en el ámbito de las ventas, lo que hace que sea más fácil cultivar la movilidad social en esta rama del trabajo que en otras profesiones donde contar con un excelente título es un requisito absolutamente importante.

Incluso si no trabajas en ventas, necesitas saber cómo vender. Esto incluye a aquellos que trabajan a tiempo completo para otra empresa y desean progresar. Pocas personas tienen éxito si solamente son buenas en lo que hacen principalmente en su trabajo. También es necesario saber promocionar el trabajo y la propia marca personal ante el resto de la empresa. Muchos dirán: «Eso no va conmigo..., no soy bueno en ese tipo de cosas». En ese caso, tienes una elección: o bien aceptas que otros avanzarán y lograrán el tipo de progresión en la carrera que siempre has deseado porque hacen lo que pueden para aprender a venderse mejor, o bien aprendes a promocionarte a ti mismo y a vender tu trabajo para ser tú quien va a más en su trabajo. Tienes que convertirte en una marca, la «marca yo».

Coge el caso de un médico, por poner un ejemplo. Por lo general, el doctor ganará más cuanto más exitosamente pueda posicionarse como especialista en un cierto campo. Para ello, debe publicar artículos, ofrecer presentaciones y aprovechar las oportunidades ofrecidas por internet. La cirugía plástica es un buen ejemplo de un segmento de mercado próspero pero altamente competitivo donde nadie puede tener éxito sin posicionarse adecuadamente. Las estrategias online son clave en el mercado actual. Para lograr el éxito comercial, necesitas una buena estrategia de SEO (*search engine optimization*, u optimización para motores de búsqueda), para asegurarte de que tus clientes potenciales puedan encontrar tu sitio web.

Si, por otro lado, caes en la ilusión de que la persona mejor cualificada automáticamente tendrá una ventaja competitiva sin necesidad de participar en ninguna actividad de ventas o de marketing, verás con impotencia cómo otros te superan, incluso aquellos que son menos cualificados que tú.

Por eso, incluso aconsejaría a aquellos que no trabajan directamente en el campo de las ventas que asistan a jornadas de formación en ventas, que lean libros sobre ventas y, en definitiva, que se familiaricen con el arte de vender. Hay libros muy interesantes que pueden ayudar incluso a aquellas personas que siempre han afirmado sentirse «inútiles» e incapaces de promocionarse. La estadounidense Catherine Kaputa, experta en marketing, afirma que, «a pesar de que nos han dicho que "el talento se impone", la realidad es más bien otra, y lo que se impone es la visibilidad. El talento es importante, pero la visibilidad diferencia a aquellos que tienen más éxito de aquellos que simplemente se están desempeñando bien. La visibilidad se impone».[108]

Creo que hay dos razones por las que muchas personas se resisten a la idea de promocionarse: en primer lugar, falta de asertividad y reducida confianza en sí mismos; en segundo lugar, vinculan subconscientemente la capacidad de promocionarse con una propensión a sobreestimar sus propias cualidades y afirmar ser mejores de lo que realmente son. Sobre este último punto, hay que recordar que eso sería lo último que se necesita. Te sorprenderá saber que la honestidad, y no la falsa modestia, es uno de los requisitos clave para el éxito en el mundo empresarial. Lee el próximo capítulo para descubrir por qué.

108. Kaputa, pp. 240-241.

5

La honestidad es la mejor política

Para mi estudio preparatorio del libro *Los ricos ante la opinión pública*, encargué al instituto de investigación Ipsos Mori que averiguara qué piensan las personas sobre los ricos en un total de 13 países. Fue el primer estudio comparativo internacional de este tipo. Presentamos una lista de rasgos de personalidad a más de 1.000 entrevistados en cada país y, a renglón seguido, les preguntamos: «¿Cuáles de los siguientes rasgos son más propensos a aplicarse a las personas ricas, si alguno lo es?». Los rasgos más seleccionados por los estadounidenses que participaron en el sondeo fueron: «inteligentes», «materialistas» e «industriosos». En Alemania, las opiniones sobre los ricos fueron más negativas y los rasgos más seleccionados fueron: «egocéntricos», «materialistas» y «despiadados».

Pero, sin importar cuán diferentes fueran las respuestas en los diversos países, todas las personas encuestadas estuvieron de acuerdo en un punto: en los 13 países, la «honestidad» fue el rasgo de personalidad atribuido con menos frecuencia a las personas ricas. El porcentaje de entrevistados en cada país que describió a las personas ricas como «honestas» fue el siguiente:

- Alemania: 3 %
- Estados Unidos: 8 %

- Francia: 7 %
- Reino Unido: 7 %
- España: 1 %
- Italia: 1 %
- China: 24 %
- Japón: 5 %
- Vietnam: 14 %
- Corea del Sur: 6 %
- Chile: 4 %
- Polonia: 5 %
- Suecia: 6 %

Lo interesante es que, al preguntarles a estas personas si conocían a un millonario y pedirles que calificaran la personalidad de ese hombre o mujer rica a quien sí conocían de forma directa, el porcentaje de personas que seleccionaron el término *honesto* resultó ser mucho más alto:

- Alemania: 42 %
- España: 21 %
- Italia: 15 %
- China: 47 %
- Japón: 20 %
- Vietnam: 23 %
- Corea del Sur: 14 %
- Chile: 23 %
- Polonia: 20 %
- Suecia: 35 %[109]

Otra encuesta, esta vez realizada solamente en Alemania, se propuso averiguar qué opina la gente del proceso de enriquecimiento que ha hecho que las personas más acaudaladas alcancen dicha posición económica. El 52 % de los encuestados de-

109. Esta pregunta no se realizó en los primeros cuestionarios, de ahí que no se ofrezcan las respuestas para Estados Unidos, Gran Bretaña y Francia.

claró que las personas ricas construyeron su riqueza a través de la «deshonestidad».[110]

Sin embargo, en muchos casos, pintar a los ricos como gente sin honestidad no es más que una excusa utilizada por aquellos que no lograron hacer fortuna por sí mismos. Pensar así les permite explicar su propio fracaso. Es algo así como decir «yo soy honesto, por eso nunca tuve oportunidad alguna de llegar a ser rico». Tal respuesta tiene sentido desde un punto de vista sociopsicológico.

¿Por qué tantas personas tienden a negar las cualidades morales de los ricos? En mi estudio *Los ricos ante la opinión pública* desarrollé una explicación del mecanismo psicológico al que llamo «teoría de compensación». Cuando los grupos sociales perciben a otros grupos como económicamente más exitosos, sus miembros pueden desarrollar estrategias de compensación para mantener su autoestima. Es natural que los miembros de estratos sociales más altos acepten más fácilmente los criterios empleados para establecer clasificaciones sociales, caso del éxito económico o la educación, porque al fin y al cabo hablamos de gente que está en la cima de la jerarquía. Los miembros de clases sociales más altas tienden a diferenciarse más de otros grupos en términos socioeconómicos y culturales, mientras que los de clases sociales más bajas tienden a aludir con más frecuencia a criterios morales. Poner tanto énfasis en criterios morales sirve como una especie de vara de medir alternativa para los trabajadores y las clases medias y bajas, permitiéndoles colocarse por encima de aquellos que son superiores a ellos en las dimensiones socioeconómicas y culturales.

Para mantener la autoestima, no sería suficiente que estas personas de menor renta señalen que ellas también tienen algo que ofrecer o resalten aspectos en los que creen que se desempeñan con particular destreza o habilidad. Esta estrategia sólo puede funcionar cuando se acusa a otros grupos sociales, en este caso, la clase alta, de tener fallas o deficiencias correspondientes a esos aspectos que el individuo ha declarado relevantes.

110. Glatzer *et al.*, p. 65.

Los «no ricos» persiguen diversas estrategias de compensación, cuestionando si el éxito económico es un factor clave para determinar los niveles de satisfacción vital o priorizando otros valores, como las relaciones interpersonales, la vida familiar o incluso la moral. Pero eso no es todo. Al esforzarse por sentirse superiores a los ricos, estas personas generalmente necesitan creer que son igualmente buenas (o tal vez mejores) en todas las áreas que consideran relevantes. Los estereotipos presentan a los ricos como gente fría con una vida familiar poco gratificante, unas relaciones interpersonales generalmente insatisfactorias y una forma de ser egoísta y plagada de malas costumbres. Tales estereotipos contribuyen a promover el sentido de superioridad de los «no ricos» y, de tal forma, ayudan a compensar los sentimientos subyacentes de inferioridad.

La característica común de los ámbitos en los que los miembros de las clases «socialmente desfavorecidas» afirman ser superiores a los ricos es que se basan, en gran medida, en la interpretación subjetiva. Es fácil demostrar objetivamente quién tiene más dinero, y también es relativamente fácil determinar quién tiene una mejor educación. Sin embargo, no se puede decir lo mismo sobre quién tiene las relaciones interpersonales más satisfactorias o una vida familiar más plena. Tales determinaciones dependen en mayor medida de meras interpretaciones subjetivas —por ejemplo, la calidad del matrimonio de cualquier persona es algo casi imposible de juzgar o valorar por parte de un observador externo.

Cuando tomamos a un colectivo, como los ricos, y les atribuimos inteligencia, diligencia u otras cualidades de alta competencia, pero, a renglón seguido, les negamos que posean cualidades morales, incurrimos en una forma de pensar que tiene consecuencias profundas. Existe un campo de la investigación dedicado a la percepción. Se ocupa de estudiar cómo las personas basan sus evaluaciones de otras personas y grupos sociales en determinados rasgos. Por lo general, ese juicio es principalmente moral, quedando los rasgos de competencia en un papel secundario. Los investigadores han demostrado que la moral y la competencia son dos factores clave a la hora de determinar nuestras percepciones de otros grupos externos. Alrededor de tres cuartas partes de nuestras percepciones son determinadas a través de estos dos componentes.[111] Si las personas tienden a juzgar a los ricos como personas competentes pero moralmente cuestionables, entonces el juicio moral tiene mucho más peso y la atribución de competencia no conduce a una evaluación general más equilibrada, sino que más bien favorece una consideración negativa de los millonarios.

Un estudio publicado en febrero de 2012 parecía reforzar la presunción generalizada de que, por definición, las personas ricas son deshonestas. Diversos investigadores estadounidenses encontraron que, en una situación hipotética, los miembros de las clases socioeconómicas más altas son más propensos a llevarse un rollo de papel higiénico de la oficina o usar copias piratas de software informático. También descubrieron que los propietarios de vehículos caros son menos considerados en la carretera con los otros conductores.[112]

Entonces, ¿son realmente más inmorales los ricos que el resto de las personas? ¿De verdad son más propensos a actuar de forma poco ética? ¿Tienden a infringir la ley con mayor facilidad? ¿Qué hay de los delitos violentos, como el asesinato, el homicidio, las lesiones graves o la reincidencia criminal? Lo último es más frecuente en las capas bajas de la sociedad, de modo que el debate es más complejo de lo que algunos quieren hacer ver.

Ciertos investigadores han intentado poner orden argumentando que las personas son más propensas a cometer ciertos tipos de delitos según su estatus social. En su estudio sociológico de 2004 sobre «el delito como elección racional» (*Kriminalität als rationale Wahlhandlung*), Guido Mehlkop halló que los miembros de todas las clases sociales son más propensos a ser deshonestos en áreas donde la deshonestidad es más «rentable» de cara a la mejora de sus circunstancias específicas. Según su estudio, la evasión de impuestos es más frecuente entre los miem-

111. Wojciszke, Bazińska y Jaworski, 1998, p. 1251.

112. «Rich people more likely to lie, cheat, study suggest», *Live Science*, 27 de febrero de 2012.

bros de las clases altas, que creen que tienen algo que ganar por esta vía, que entre los miembros de las clases bajas, muchos de los cuales no ganan lo suficiente como para pagar impuestos directos.[113]

En contraste, el estudio también mostró que el hurto es más frecuente entre los miembros de las clases bajas. Mehlkop concluye que los ricos tienen menos que ganar con el robo y, por lo tanto, son menos propensos a participar en este tipo de delitos. Es innegable que hay personas cuya riqueza se debe a actividades ilegítimas. De hecho, en mi opinión, cualquier riqueza construida a expensas de los demás es inmoral. Por eso, en este libro verás que, cuando hablo de construir y hacer crecer tu riqueza, nunca te hablaré de incurrir en actos ilegales o comportamientos perjudiciales para los demás.

Esto no es sólo una cuestión de principios éticos, sino también un cálculo racional de riesgo y oportunidad. Según las cifras publicadas por la Oficina Federal de Investigación Criminal, en Alemania, los delitos llamados «de cuello blanco» causaron daños por valor de 3.820 millones de euros en 2013, con un total de 71.700 expedientes. A menudo se presume que el número de delitos de cuello blanco que nunca son denunciados ni trascienden es significativo.[114] Sin embargo, el riesgo de ser descubierto es alto. En 2013, la tasa de detección de delitos de cuello blanco fue del 92 %, casi 40 puntos porcentuales más de lo estimado para los demás tipos de delito.[115]

La honestidad no es sólo una virtud moral, sino también una ventaja competitiva en los negocios. En una encuesta realizada a un total de 733 millonarios, el investigador estadounidense Thomas J. Stanley les preguntó cuáles consideraban los factores más importantes en su éxito financiero. La honestidad emergió con más frecuencia que cualquier otro de los 30 factores mencionados por parte de los encuestados. El 57 % afirmó que «ser honesto con todas las personas» había sido algo «muy importante»

113. Mehlkop, p. 119 y ss.
114. *Spiegel Online*, 24 de julio de 2014.
115. Ibídem.

en su trayectoria —y otro 33 % lo calificó como algo «importante» en su periplo.[116]

Puede preguntarse si estos resultados se podrían tomar al pie de la letra. Después de todo, ¿no es natural que los encuestados atribuyan su propio éxito a cualidades honorables y positivas en vez de subrayar sus dimensiones más negativas? Hay algo de cierto en este argumento, por supuesto. Pero, por otro lado, solamente el 20 % de los encuestados calificó su «inteligencia superior» como un factor «muy importante» en su éxito. La inteligencia ocupó, de hecho, el lugar 21 en el ranking de las 30 cualidades mencionadas, mientras que la honestidad ocupó la primera posición de la tabla. El 14 % de los encuestados mencionaron «vivir por debajo de mis posibilidades» como un factor «importante», de modo que llevar un estilo de vida modesto situó dicha característica en el puesto 24 de la lista. Si el objetivo de los encuestados hubiera sido presumir de sus cualidades positivas en esta encuesta (que, por cierto, era anónima), entonces, ¿no habrían calificado la modestia y la inteligencia superior más alto de lo que lo hicieron?

«Mi éxito se basa en la confianza»

Entonces, ¿qué es lo que hace que la honestidad sea un factor crítico para el éxito financiero? Una razón puede ser la importancia clave que tiene el factor de la confianza en las relaciones económicas y los tratos empresariales. Una encuesta elaborada por EY (antes Ernst & Young) examinó el papel de la confianza en la operativa de las pequeñas y medianas empresas de Suiza. El informe encontró que la confianza basada en las cualidades y las habilidades personales desempeña un papel vital en las relaciones comerciales. Por supuesto, la confianza también depende de si se practican (y no solamente se predican) valores como la honestidad y la lealtad.

El estudio de EY encontró que ni el tamaño de la empresa en

116. Stanley, *La mente millonaria.*

cuestión ni la duración de la asociación comercial son factores clave para construir la confianza. «Dicho con otras palabras, siempre que haya una relación continua, la duración de la cooperación se convierte en algo de importancia secundaria. Dados estos hallazgos, no es sorprendente que las empresas pierdan con frecuencia una parte de su base de clientes cuando las personas que toman decisiones clave cambian de trabajo y se mudan a otra empresa.»[117]

El estudio de Ernst & Young también mostró que «las asociaciones basadas en la confianza» constituyen una «ventaja comercial estratégica» en el mundo de los negocios. Según el informe, «alguien que confía en su socio comercial puede actuar de manera más rápida y eficiente, y dará más espacio a la creatividad y la innovación».[118]

Cuando era el hombre más rico del mundo, John D. Rockefeller reconoció lo siguiente: «Sobre todo, debo mi éxito en la vida a mi confianza en las personas y a mi capacidad para inspirar la confianza de esas personas en mí mismo».[119] ¿Por qué las personas ricas consideran la confianza tan importante? Más aún, ¿cómo se construye la confianza? Ya sea en relaciones personales o comerciales, la confianza depende de tres factores:

1. *Tus experiencias pasadas con la otra persona.* ¿Tu socio comercial ha cumplido su palabra hasta ahora? ¿Siempre ha sido honesto contigo? ¿O acaso te ha fallado alguna vez?
2. *La reputación de la otra persona.* ¿Tiene tu socio comercial un historial de ser alguien honesto y confiable? ¿Qué tipo de experiencias han tenido otros empresarios y otras personas en sus tratos con él?
3. *Intuición.* A menudo, la confianza se basa también en un «presentimiento», en una sensación que tenemos casi de forma subyacente y que va más allá de las pruebas sólidas que podemos ofrecer en relación con los dos factores anteriores (experiencias pasadas y reputación).

117. EY (Ernst & Young), p. 7.
118. Ibídem, p. 1.
119. Rockefeller, citado en Chernow, p. 67.

Al comportarse de manera deshonesta, uno corre el riesgo de perder la base esencial del éxito empresarial: la confianza que depositan en él las demás personas. Por supuesto, la deshonestidad y el engaño pueden producir algún rédito a corto plazo; sin embargo, tus socios comerciales acabarán descubriendo lo sucedido más pronto que tarde; y todos sabemos que no hace falta mucho (unos días, a veces sólo horas) para que la confianza construida durante años o incluso décadas se erosione por completo.

Además, muy pocas personas saben actuar y fingir lo suficientemente bien como para salirse con la suya y mantener comportamientos permanentemente deshonestos. Por supuesto, hay quienes logran engañar a otros durante años: gente que vive relaciones amorosas paralelas, estafadores que engatusan a la gente, financieros que hacen lo que quieren con el dinero de los demás... Pero, afortunadamente, hablamos de una minoría muy pequeña. La mayoría de nosotros somos actores mediocres, en el mejor de los casos, y la forma más fácil que tenemos si queremos ganarnos la confianza de los demás no es otra que siendo gente seria y de fiar, es decir, siendo personas honestas.

Entonces, ¿por qué muchas personas asumen que cualquier persona que se ha enriquecido debe haber llegado a la cima económica mediante medios y procedimientos deshonestos? Sin duda, porque asumen que las relaciones comerciales son un juego de suma cero en el que la ganancia de una persona se da a consecuencia de la pérdida que sufre otra persona. Sin embargo, esto no es así por lo general, ya que las relaciones económicas y empresariales se vuelven permanentes y funcionan bien cuando van en beneficio mutuo y ambas partes ganan.

La mayoría de nosotros hemos sufrido alguna decepción, algún engaño o incluso la estafa de alguien con quien manteníamos algún tipo de relación comercial. Por eso, los empresarios inteligentes están de acuerdo con Warren Buffett, quien declaró que «no se puede hacer un buen trato con una mala persona».[120] *El tao de Warren Buffett*, un ensayo coescrito por David Clark y por la nuera de Buffett, Mary, convierte esta máxima en una de

120. Citado en Buffett y Clark, *El tao de Warren Buffett*.

las piedras angulares de la filosofía empresarial del gran inversor de Omaha. «Si alguna vez tienes que preguntarte a ti mismo "¿confío en esta persona?", entonces deberías abandonar de inmediato la mesa de negociación y buscarte una compañía más honesta con la que hacer negocios.»[121]

La honestidad y la integridad son el eje central alrededor del cual gira la práctica empresarial de Buffett. En una ocasión, y para sorpresa de la anterior propietaria, compró una tienda de muebles sin solicitar una auditoría de sus libros de contabilidad. Según cuenta su nuera, «simplemente le preguntó cuánto valía, la propietaria le dio una cifra y al día siguiente él se plantó allí con un cheque por 40 millones de dólares. Posteriormente, ella le preguntó por aquella operación y la falta de papeleo, y él respondió que confiaba en ella mucho más de lo que confiaba en sus contables».[122]

La deshonestidad en los negocios no sólo no es ética, sino que también es irracional, porque con frecuencia implica que uno asume mucho riesgo a cambio de conseguir una ventaja mínima. Por ejemplo, muchos altos ejecutivos del mundo corporativo han puesto en peligro su prometedora carrera por incurrir en manipulaciones y trampas con los gastos que pasan a la compañía. ¿Realmente vale la pena arriesgar tu carrera por unos pocos cientos de dólares? ¿Cuál es la ganancia que vas a obtener en comparación con el daño potencial de perder tu trabajo? ¿Por qué darle a tu mayor rival dentro de la organización la soga con la que luego podrán ahorcarte? ¿Por qué poner tu destino en manos de un asistente que probablemente sabrá detectar tu deshonestidad?

Para Warren Buffett, la deshonestidad es un aspecto por el cual se debe romper cualquier trato. «A la hora de buscar a alguien a quien contratar, persigues tres cualidades: integridad, inteligencia y energía. Pero la más importante de esas tres cualidades es la integridad, porque si no la tienen, las otras dos cualidades (la inteligencia y la energía) te matarán», aconseja el legendario

121. Ibídem, p. 6.
122. Ibídem, p. 57.

inversor.[123] Según Buffett, hay que seguir la máxima de «no hacer nada que te provoque suspender la "prueba del periódico" [...]. Quiero que mis empleados se pregunten a sí mismos si están dispuestos a que cualquier acto que hayan cometido aparezca al día siguiente en la portada de su periódico local y pueda ser leído por sus cónyuges, sus hijos y sus amigos merced a la información suministrada por un periodista bien documentado y crítico».[124]

Según Buffett, la pregunta que debes hacerte no es sólo «¿es legal?», sino también «¿es ético?». Así que la próxima vez que alguien intente decirte que estafar a otros es una manera viable de ganarse una fortuna, dile que está profundamente equivocado. Por encima de todo, la deshonestidad en los negocios es una señal reveladora de falta de autoconfianza. Obviamente, alguien que recurre a prácticas deshonestas o incluso delictivas para enriquecerse no cree tener la capacidad de ganar una fortuna de ninguna otra manera. ¿Por qué asumir un riesgo tan alto? «Hay mucho dinero en juego en el centro de la pista como para dedicarse a jugar en los márgenes. No hay necesidad de hacer eso», concluye Buffett.[125]

123. Ibídem.
124. Citado en Schroeder, *La bola de nieve*.
125. Citado en Buffett y Clark, *El tao de Warren Buffett*.

6

Millonarios frugales

A mediados de la década de los noventa, el libro de Thomas J. Stanley y William D. Danko *The Millionaire Next Door* (*El millonario de la puerta de al lado*) se convirtió en un éxito inmediato de ventas. Las sorprendentes cifras que revelaba llamaron la atención de miles y miles de lectores. Los autores presentaron una encuesta exhaustiva tras realizar 249 preguntas a 1.000 estadounidenses cuyo ingreso promedio se situaba en 3,7 millones de dólares (si quieres saber cuánto sería eso hoy, ajustado por inflación, prácticamente hablamos del doble de dinero).

La mayoría de los encuestados respondió «sí» a las tres preguntas siguientes:

- ¿Fueron tus padres personas muy frugales?
- ¿Eres una persona frugal?
- ¿Es tu cónyuge una persona más frugal que tú?[126]

Además, al preguntarles sobre sus hábitos de gasto, los millonarios revelaron algunos datos sorprendentes:

126. Stanley y Danko, *El millonario de la puerta de al lado*.

- El 50 % nunca había gastado más de 399 dólares en un traje, mientras que el 75 % no había gastado más de 599 dólares.
- El 50 % nunca había gastado más de 140 dólares en un par de zapatos, mientras que el 75 % nunca había gastado más de 199 dólares.
- El 50 % nunca había gastado más de 235 dólares en un reloj de pulsera, mientras que el 75 % nunca había gastado más de 1.125 dólares.[127]
- El 50 % nunca había gastado más de 29.000 dólares en un coche, mientras que el 95 % nunca había gastado más de 69.000 dólares en la compra de un automóvil.[128]

Aparte del 14 % de los encuestados que habían heredado su riqueza (que habían gastado un promedio de 36.000 dólares en la compra de un automóvil), los millonarios pagaron una media de 27.000 dólares por sus coches, es decir, apenas un 22 % más que el promedio general obtenido al analizar a la población estadounidense en su conjunto.[129] Quizá aún más sorprendentemente es que sólo el 24 % de los millonarios compraba coches nuevos, y un 20 % los usaba bajo algún régimen de alquiler.[130]

En un estudio realizado varios años después, Stanley volvió a centrarse en el vehículo de los ricos, y encontró que más del 99 % de los millonarios encuestados no habían comprado ni alquilado ninguno de los siguientes modelos: Aston Martin, Bentley, Ferrari, Lamborghini, Lotus y Rolls-Royce. De igual modo, el 79 % no había comprado ni alquilado un BMW ni un Lexus, mientras que el 75 % no había comprado ni alquilado un Mercedes.[131] El automóvil más popular entre los millonarios estadounidenses no era un vehículo de lujo en absoluto, sino un humilde Ford.[132]

127. Ibídem.
128. Ibídem.
129. Ibídem.
130. Ibídem.
131. Stanley, *Stop acting rich*, p. 181.
132. Ibídem, p. 203.

Una botella de vino de 26 dólares

En el mismo estudio, a los millonarios se les preguntó cuánto gastan en vino a la hora de invitar a amigos o vecinos a casa. El 90 % dijo que desembolsan como máximo 26 dólares por botella. Si el caldo fuese para ellos mismos, pagarían menos aún.[133] De igual modo, el 95 % dijo que no pagaría más de 40 dólares por una comida en su restaurante favorito.[134]

Los investigadores descubrieron que la frugalidad, más que un nivel de ingresos muy alto, es la principal razón por la cual la mayoría de los millonarios llegaron a hacerse ricos. Dividieron el grupo de ingresos altos en dos subgrupos con hábitos de gasto radicalmente diferentes: los PAW (*prodigious accumulators of wealth* [prodigiosos acumuladores de riqueza]) y los UAW (*under-accumulators of wealth* [subacumuladores de riqueza]). Estos subgrupos tenían una renta anual de 730.000 y 715.000 dólares, respectivamente. Sin embargo, mientras que los PAW tenían activos por un valor promedio de 7,5 millones de dólares, la riqueza promedio de los UAW era de apenas 400.000 dólares.[135] «Los UAW tienden a vivir por encima de sus posibilidades. Enfatizan el consumo y tienden a restar importancia a muchos de los factores clave que subyacen en la construcción de la riqueza», concluyó el estudio.[136]

En promedio, los PAW gastaron 8.700 dólares al año en ropa, mientras que los UAW gastaron 30.000 dólares. Los primeros gastaron 12.000 dólares al año en sus coches y 14.600 dólares en sus hipotecas, los segundos gastaron 72.000 dólares en sus coches y 107.000 dólares en sus hipotecas.[137]

En su libro *Stop acting rich* (Deja de hacerte el rico), publicado en 2009, Stanley acuña el término *rico en renta* para describir a las personas de altos ingresos que prefieren gastar su dinero en

133. Ibídem, pp. 153-154.
134. Ibídem, p. 157.
135. Stanley y Danko, *El millonario de la puerta de al lado.*
136. Ibídem.
137. Ibídem.

vez de ahorrar y ser cautelosos con su fortuna. En el otro extremo del espectro aparecen los *ricos en patrimonio*, que construyen su riqueza de manera efectiva y sistemática. Stanley ofrece una ecuación simple para determinar a qué categoría perteneces: multiplica tu ingreso anual por tu edad dividido por 10 y sabrás cuál debería ser tu patrimonio neto. Por ejemplo, un individuo de cincuenta y ocho años que percibe un salario de 100.000 dólares al año debería corresponderse con un valor patrimonial neto de 580.000 dólares.

Curiosamente, la riqueza real de los «ricos en patrimonio», categoría en la que Stanley incluye al 25 % con mayor volumen de activos, resulta ser 2,49 veces más alta de lo esperado. Para el mismo ejemplo de una persona de cincuenta y ocho años, el dato real observado por Stanley fue de 1,4 millones de dólares. En cambio, entre los «ricos en renta» que representan el 25 % inferior de esta cohorte, la riqueza mediana fue de apenas el 66,5 % de la riqueza esperada, lo que dejaría el ejemplo del hombre de cincuenta y ocho años en un patrimonio neto de apenas 379.900 dólares.

Ambos grupos declararon que su objetivo era «hacerse rico»; pero, como es evidente, «hacerse rico» significa cosas completamente diferentes para ambos grupos. Mientras que los «ricos en renta» querían lograr un alto nivel de gasto, los «ricos en patrimonio» aspiraban a la independencia financiera.[138]

El porcentaje de los «ricos en renta» resultó ser mucho más alto en algunas profesiones, mientras que en otras dominaban los «ricos en patrimonio». En 2006, solamente 100 de los 383 médicos mejor pagados y 275 de los abogados mejor remunerados de Estados Unidos eran también «ricos en patrimonio». De igual modo, solamente 53 de los 100 profesionales mejor pagados del sector agrícola entraban en esta categoría.[139] Sorprendentemente, estas cifras muestran que muchos de los trabajadores mejor remunerados no logran convertirse en millonarios. Esto también significa que muchos millonarios no están en el grupo de los mejor remunerados.

138. Ibídem.
139. Ibídem.

En otra encuesta, Stanley examinó el estilo de vida de 733 millonarios. Según concluyó, «los millonarios, incluso parte importante de quienes tienen decenas de millones de dólares de patrimonio, no dependen de bienes de consumo para disfrutar de la vida. Su placer y satisfacción personal tienen más que ver con la familia, los amigos, la religión, la independencia financiera, la forma física y, tal vez, un poco de golf».[140]

Aunque el 97 % de los millonarios estadounidenses encuestados eran propietarios de viviendas, pocos de ellos vivían en mansiones. Sus casas tenían un valor medio de 750.000 dólares, pero parte importante de este valor era debido a la apreciación del activo ocurrida después de la compra, ya que el precio medio de adquisición fue de 453.000 dólares.[141] Solamente una pequeña minoría vivía en hogares de lujo, mientras que el 75 % vivía en casas construidas antes de 1978.[142]

Aunque es práctica común en Estados Unidos hipotecar tu casa, esperar a que aumente su valor y luego volver a hipotecarla para obtener capital con el que financiar gastos de consumo personal, esta práctica resultó ser mucho menos común entre los millonarios. De hecho, el 39,9 % de los encuestados había saldado todas las hipotecas de sus hogares, y otro 10 % vivía en hogares con una hipoteca cuyo saldo vivo era de menos de 100.000 dólares.[143]

Otras preguntas adicionales revelaron detalles sorprendentes que chocan con el estereotipo popular de los «ricos derrochadores»:[144]

- El 70 % de los millonarios afirmó que prefería arreglar sus zapatos desgastados en vez de comprarse unos nuevos.
- Uno de cada dos dijo que tapizaba o rehabilitaba sus muebles en vez de reemplazarlos.

140. Stanley, *La mente millonaria.*
141. Ibídem.
142. Ibídem.
143. Ibídem.
144. Ibídem.

- Uno de cada dos dijo que había cambiado de proveedor de teléfono porque las llamadas de larga distancia le resultaban demasiado caras.

Cuando se les preguntó qué habían hecho en los últimos doce meses, el 85 % de los millonarios estadounidenses incluidos en la encuesta de Stanley dijo que habían hablado con su contable, el 81 % declaró haber visitado un museo, el 64 % dijo haber recaudado dinero para obras de caridad... Las actividades que los estadounidenses generalmente asocian con los millonarios resultaron ser mucho menos populares. Solamente el 20 % había navegado en un yate o viajado de vacaciones a París. Apenas un 4 % había esquiado en los Alpes. Solamente el 3 % había viajado en crucero alrededor del mundo.[145]

Los investigadores también pidieron a los millonarios que llevaran un registro de sus actividades durante los treinta últimos días. Resultó que el 93 % pasó su tiempo libre con sus hijos y nietos, el 88 % compartió tiempo de calidad con amigos cercanos, el 46 % fue a McDonald's o Burger King, el 31 % compró algo en WalMart o Kmart... En cambio, solamente el 26 % visitó tiendas de alta gama, como Saks Fifth Avenue.[146]

La libertad e independencia son más importantes que el lujo

Aunque podría ser interesante comparar los hábitos de gasto y las actividades de ocio de los millonarios estadounidenses con los de sus homólogos alemanes, aún no se han realizado encuestas de alcance similar en Alemania. Sin embargo, para mi estudio *The wealth elite* realicé entrevistas en profundidad con 45 individuos ultrarricos que me ofrecieron perspectivas extremadamente interesantes al respecto.

Les pedí a los entrevistados que explicaran qué asociaban

145. Ibídem.
146. Ibídem.

con el término *dinero*, en una escala de 0 a 10. Les ofrecí estas opciones:

a. Seguridad, es decir, «no tendré problemas financieros a menos que cometa un error mayúsculo».
b. Libertad e independencia.
c. Capacidad de usar el dinero para desarrollar cosas nuevas, invertir, etcétera.
d. Poder pagarse las cosas de más calidad y más buenas de la vida.
e. Tener dinero te da confirmación personal de que has hecho las cosas bien.
f. Con una gran cantidad de dinero, y a pesar de la envidia a la que a veces se enfrentan los ricos, se recibe un mayor reconocimiento social y se tiene la oportunidad de conocer a personas interesantes.

En primer lugar, con gran diferencia, los entrevistados calificaron la opción *b*, referida a la libertad y la independencia, como el aspecto con el que más fuertemente asociaban el dinero. Solamente 5 entrevistados seleccionaron un valor por debajo de 7 a la hora de puntuar este aspecto. Un análisis de las respuestas ofrecidas por los entrevistados mostró que 23 de ellos asignaron a «libertad e independencia» la calificación más alta (10/10), mientras que apenas 9 entrevistados hicieron lo propio con la «seguridad». La opción *d*, referida a «poder pagarse las cosas de más calidad y más buenas de la vida», recibió solamente la calificación máxima por parte de 2 de los encuestados.

Estas respuestas muestran que para estos entrevistados adinerados es importante percibirse a sí mismos como personas libres e independientes. Casi todos los participantes en el estudio, incluidos aquellos mayores de setenta años, trabajaban regularmente y dedicaban una cantidad significativa de tiempo a sus actividades profesionales, a pesar de que ninguno de ellos tenía que trabajar por razones económicas.

No todos los entrevistados compartían la apreciación de que «poder pagarse las cosas de más calidad y más buenas de la vida» es algo importante para ellos. Para 13 de los 45 entrevistados, éste sí era un factor muy importante. Le daban gran importancia a los coches, las casas y las vacaciones. En contraste, había 10 entrevistados para quienes esto no jugaba ningún papel o no era un factor significativo. Uno de los entrevistados más ricos, conocido por su estilo de vida ascético, respondió de manera sucinta y muy lacónica a esta cuestión: «Pasemos a la siguiente pregunta; ésta no procede en mi caso...». Para este millonario, el dinero es simplemente una herramienta necesaria para realizar ciertas tareas empresariales: «Siempre me topé con tareas y supe lo que quería crear. Necesitaba dinero para poder realizar esas tareas y crear esas cosas». Otro millonario respondió bruscamente cuando se le preguntó qué papel juega el dinero para él y si le había permitido «poder pagarse las cosas de más calidad y más buenas de la vida». «No me interesa», fue su tajante respuesta. Uno de los participantes en la investigación me respondió de forma igualmente escueta: «No me dedico a eso». A renglón seguido, le otorgó solamente un punto de diez a esta opción de respuesta.

En su estudio de 2012 sobre el estilo de vida de los millonarios alemanes *Ganz oben: wie Deutschlands Millionäre wirklich leben*, Christian Rickens llega a la siguiente conclusión: «Los alemanes ricos rara vez se entregan al consumo conspicuo en la misma medida que sus pares en otras partes del mundo. Tampoco hay muchos ricos ociosos en Alemania. Como en todos los estratos sociales, los miembros de la élite alemana se definen principalmente por su trabajo».[147]

La investigación de Rickens encontró que «los individuos adinerados centrados en el estatus» que utilizan símbolos para mostrar su riqueza y se entregan al consumo conspicuo son, en realidad, una minoría entre los millonarios alemanes.[148] Sin embargo, este grupo tiende a atraer más atención mediática que la mayoría de los individuos adinerados, a quienes Rickens clasifica como personas «establecidas», «convencionales», «conservadoras» y «de mentalidad liberal».

147. Rickens, p. 192.
148. Ibídem, p. 103 y ss.

En comparación con otros países, la exhibición ostentosa de riqueza es una cuestión de menor importancia entre los millonarios alemanes. Pensando en las marcas de lujo más caras, un grupo de investigadores encuestó a personas cuyos ingresos les permiten adquirir artículos de lujo. El cuestionario pidió a los encuestados que calificaran su interés por distintos artículos de lujo usando una escala del 1 al 10. Con una calificación promedio de 8,2, los ricos chinos mostraron la mayor afinidad por los artículos de lujo, seguidos por los estadounidenses (6,8) y los alemanes (6,1), mientras que los japoneses figuran en último lugar, con una calificación promedio de 5,6.[149]

Dicho con otras palabras, no es casualidad que, entre las principales naciones del mundo, Japón presente el mayor porcentaje de millonarios, y China, el más bajo, tal y como vimos en el capítulo 2. El porcentaje de millonarios observado en cada país dado está directamente relacionado con los hábitos de gasto de sus personas de renta más alta.

«Ricos en patrimonio» y «ricos en renta»

Las personas tienden a hablar de dos grupos distintos cuando sueltan generalizaciones sobre «los ricos». Mezclan a aquellos que poseen «mucha riqueza» con aquellos que «ganan mucho», aunque los primeros no exhiben el mismo nivel de consumo que los segundos y los segundos tienen por lo general un patrimonio más pequeño de lo que podría parecer. La diferencia radica principalmente en los hábitos de gasto. Al final, si quieres hacerte rico, necesitas vivir por debajo de tus posibilidades.

Las inversiones inmobiliarias son una excelente manera de facilitar el ahorro. Puedes aumentar significativamente tus ahorros mensuales comprando «ladrillo» e invirtiendo todo lo que te generan estas propiedades en el pago de las cuotas mensuales de las hipotecas. Esto te obliga a apartar cierta cantidad de dinero cada mes. Cuanto mayor sea tu ingreso, más fácil te resultará

149. Kapferer / Bastien, p. 124.

financiar la hipoteca, porque los bancos tienen en cuenta tu calificación crediticia personal además del valor del inmueble en cuestión. No es casualidad que quienes poseen más propiedades inmobiliarias logren acumular considerablemente más riqueza en el momento de su jubilación que otras personas con ingresos similares, pero carentes de tantos bienes inmobiliarios. Tener que pagar una hipoteca disciplina y ayuda a aprender a ahorrar dinero cada mes. El capítulo 13 recoge algunos datos interesantes sobre este tema.

Muchas personas ven difícil ahorrar porque implica negarse la gratificación instantánea y asumir un sacrificio en aras de una ganancia futura. Ahorrar tiene mucho en común con seguir una dieta saludable: los pequeños deslices se suman con el tiempo y, por otro lado, las recompensas por la autodisciplina llegan solamente a largo plazo. Al negarte a comer una barra de chocolate o abstenerte de comprar un automóvil deportivo nuevo ahora, finalmente lograrás el resultado deseado, ya sea un cuerpo perfecto o una gran riqueza.

Sin embargo, la mayoría de las personas de ingresos altos no ahorran lo suficiente, no ahorran de forma consistente e invierten su dinero de manera deficiente. En la segunda parte de este libro presentaré algunos errores comunes que cometen los inversores y te explicaré cómo evitarlos. Permíteme, en cualquier caso, presentar en este punto un consejo esencial que debes tener en cuenta: asegúrate siempre de que tu estrategia de ahorro se basa en un doble fundamento, combinando bienes inmuebles y acciones. Lo que puede parecer una «desventaja» del «ladrillo» (el hecho de que es más difícil vender una casa que una cartera de acciones) es, de hecho, una ventaja que te ayudará a ejercer la autodisciplina necesaria para construir tu riqueza. Y lo que puede parecer una «desventaja» de las acciones (el hecho de que su valor esté sujeto a considerables fluctuaciones) no será importante para ti siempre y cuando tengas una estrategia a largo plazo dedicada a construir tu riqueza.

Recuerda: nunca toques el dinero que has invertido en acciones. En particular, no toques tus carteras de inversión después de sufrir lo que parecen ser pérdidas sustanciales en medio de una fase de caída del mercado de valores. Y, sin duda, no toques esas inversiones si necesitas dinero para comprar nuevos electrodomésticos para el hogar o cosas por el estilo. Para que tu estrategia de construcción de riqueza arroje frutos, deberás tener tus propios «fondos de emergencia» en una cuenta corriente, al margen de tus carteras de inversiones. No te engañes diciendo «empezaré a ahorrar tan pronto como mis ingresos aumenten». Tus expectativas aumentarán automáticamente junto con tus ganancias. Supongamos que hoy en día ganas 3.000 dólares al mes. Probablemente crees que si ganases 12.000 dólares no tendrías muchos más gastos. Sin embargo, ¡te sorprenderías de lo rápido que aumentan tus expectativas (y gastos) cuando suben tus ingresos!

Mi consejo es: acuerda una cuota hipotecaria relativamente alta, lo que te obligará a apartar una cierta cantidad cada mes. Con cada pago mensual, el interés que debes pagar por tu hipoteca disminuirá. ¡Cuanto más rápido pagues tu hipoteca, más rápido aumentará tu riqueza! Es por eso que los propietarios de bienes inmuebles acumulan considerablemente más riqueza para su jubilación que otras personas que están en el mismo rango de ingresos, tal y como veremos en el capítulo 13.

Algunos cálculos pueden hacer que creas que puedes ganar más dinero destinando tus ahorros a un fondo de inversión que ofrece una rentabilidad del 8 %. Entonces, ¿por qué invertir en una propiedad que puede ofrecerte solamente la mitad? El problema está en que tales cálculos son bastante triviales y poco realistas, ya que no tienen en cuenta que la mayoría de los ahorradores carecen de la autodisciplina necesaria para seguir colocando dinero en un fondo de inversión mes a mes durante décadas, mientras que un propietario de bienes inmuebles no tiene elección, a menos que quiera que su propiedad termine embargada por el prestamista de la hipoteca.

Mi segundo consejo: cada vez que tus ingresos (o tus beneficios si eres empresario o autónomo) vayan a más, destina el 50 % del aumento a asumir nuevas inversiones a largo plazo. Volvamos a nuestro ejemplo anterior: si actualmente estás ahorrando el 15 % de tus ingresos mensuales de 3.000 dólares (es decir, 450 dólares) y tus ingresos aumentan a 4.000 dólares, lo que debes hacer es destinar la mitad de esos 1.000 dólares adicionales a tus ahorros mensuales, aumentando tu tasa de ahorro del 15 al 24 % de tus ganancias. La próxima vez que tus ingresos aumenten, por ejemplo, hasta los 5.000 dólares, haz lo mismo de nuevo: ahora estás ahorrando 1.450 dólares al mes, el 29 % de tus ingresos netos.

Esto te permitirá gastar más a medida que aumenta tu salario, al mismo tiempo que aumentas sustancialmente tu tasa de ahorro. Si asumes otro trabajo para ganar un dinero extra, haz lo mismo con cualquier ganancia o beneficio que arroje esta nueva ocupación.

Aunque ahorrar puede parecer difícil al principio, se vuelve más fácil a medida que se convierte en un hábito. En su estudio *El poder de los hábitos*, Charles Duhigg exploró la importancia de convertir nuevos comportamientos en hábitos. Descubrió que se requiere fuerza de voluntad para iniciar cambios de comportamiento, pero, una vez que se han arraigado en tu rutina, requieren muy poco esfuerzo. «La mejor manera de fortalecer la fuerza de voluntad [...] es convertirla en un hábito», resume Duhigg.[150] Lo mismo ocurre con el gasto y el ahorro: puedes acostumbrarte fácilmente a gastar todo lo que ganas (o más) comprando artículos de consumo. De igual modo, puedes acostumbrarte a reservar una parte de tus ingresos para el ahorro y guardar también el 50 % de cualquier aumento salarial o ingreso adicional que percibas.

Aunque es cierto que no puedes hacerte rico sin ahorrar dinero, tampoco debes exagerar. Hay multimillonarios que hicieron su fortuna viviendo un estilo de vida extremadamente frugal, incluso tacaño, y que parecen incapaces de abandonar ese hábito a pesar de que ya no necesitan contar uno a uno sus centavos. Cuando era estudiante, uno de mis compañeros de clase tenía más de sesenta años, era multimillonario y dueño de varias propiedades. Sin embargo, aún se desplazaba usando una bicicleta vieja y oxidada y llevaba consigo un maletín roto y gastado. En

150. Duhigg, *El poder de los hábitos*.

vez de gastarse una cantidad relativamente pequeña de su dinero para comprar un libro de texto barato, prefería pedirlo prestado en la biblioteca. Ahorrar dinero para construir tu riqueza no significa tener que vivir como un mendigo después de haber hecho tu primer millón.

El factor más importante en la construcción de la riqueza es establecer metas definidas. Ahorrar requiere un alto grado de motivación, así como de autodisciplina; y la motivación, a su vez, requiere de metas específicas.

7

Por qué es importante fijarse metas

No dejes que nadie te diga que querer ser millonario es algo «irreal».

Esta perspectiva está más extendida de lo que podría parecer. El autor del libro *Making money*, llamado Wieland Staud, escribe lo siguiente: «¿Es realista establecerse una meta que solamente dos de cada mil alemanes lograrán a lo largo de su vida? [...]. Es más probable que un camello pase por el ojo de una aguja [...]. Si la creencia equivocada de que puedes lograr todo lo que quieras te hace perder el sentido de la realidad, piensa que ya has fracasado en 499 de cada 500 casos, al menos si tu objetivo es convertirte en millonario».[151]

Estos comentarios vienen de un analista financiero que, además, es el propietario de una consultora de investigación de mercados financieros. Según afirma, en un período de diez años, las predicciones de su empresa solamente han sido equivocadas en algo menos de un tercio de las ocasiones. Por tanto, la actitud pesimista que trasladan sus consejos resulta desconcertante.[152] Si las predicciones de su empresa son tan precisas como afirma, entonces debería haber ganado fácilmente varios millones en el mercado de valores durante ese mismo período...

151. Staud, pp. 144-145.
152. Ibídem, p. 196, nota al pie 15.

Ganar un millón ¿es una meta «irrealista»?

¿Es «irreal» pensar en ganar un millón? Veamos.

De entrada, la llamada al realismo suena como un consejo sensato. Después de todo, ¿por qué alguien querría vivir basándose en supuestos irrealistas? Sin embargo, la mayoría de las personas entienden que ser «realista» implica actuar con extremada modestia, con cuidado de no apuntar demasiado alto. En mi libro *Dare to be different and grow rich* (Atrévete a ser diferente y enriquecerte) cuento las historias de numerosos hombres y mujeres ricos que alcanzaron un éxito fenomenal al ignorar este tipo de consejos y establecer deliberadamente metas muy ambiciosas. Las metas u objetivos financieros son una cuestión relevante.

Los autores que han investigado a fondo los requisitos mentales para el éxito y la riqueza están de acuerdo en que el primer paso para el éxito financiero es saber exactamente lo que quieres lograr..., y por qué.[153] No necesitas saber exactamente cómo llegarás a alcanzarlo. Si supiésemos cada paso que vamos a dar en nuestro camino para intentar conseguir uno (o diez) millones de dólares, seríamos una excepción que rompe la norma. Mucha gente que ha logrado éxitos financieros tangibles nunca supo que iba a llegar tan alto, pero sí tuvo claro desde el primer momento que no se quería contentar con un desempeño mediocre. Y, pese a esa actitud decidida, la mayoría no tenían una idea clara de cómo iban a acabar cumpliendo las ambiciosas metas que se habían marcado.

Poner sus metas por escrito es otro hábito que tienen en común muchas personas exitosas. En su clásico manual de desarrollo personal *Piense y hágase rico*, Napoleon Hill recomienda escribir una meta específica y especificar una fecha límite para alcanzarla. A continuación, sugiere intentar imaginar, con todo el detalle visual que sea posible, cómo sería la vida de esa persona si ya hubiera alcanzado tal objetivo. Hill habla incluso de «com-

153. En la bibliografía incluyo libros sobre esta cuestión de autores como Napoleon Hill, Joseph Murphy, Harv T. Erker y Bodo Schäfer.

portarte de la misma manera que lo harías si ya poseyeras ese bien material que estás demandando».[154]

Por supuesto, hay muchas personas que se hicieron ricas sin visualizar su ascenso a la cima económica o incluso sin esperar necesariamente que tal éxito fuese a producirse y materializarse. Realmente hay personas que simplemente «acabaron» enriqueciéndose porque descubrieron un nicho de mercado rentable y su producto o servicio se vendió tan bien que el éxito financiero resultó ser un desenlace casi inevitable.

Sin embargo, no puedes contar con que serás uno de estos afortunados. Por eso, especificar lo que quieres lograr en los próximos diez años y ponerlo por escrito es, con diferencia, la forma más simple y segura de asegurarte que puedes llegar allí adonde te propones. Plantearse un horizonte a diez años supone manejar un período razonable y «realista». Muchas personas sobreestiman cuánto pueden lograr en un año, pero subestiman cuánto pueden alcanzar en diez. Distintos estudios han demostrado que la mayoría de los grandes logros humanos, ya sea en el éxito financiero u otras áreas de la vida como el arte, la música o el deporte, tardaron unos diez años en materializarse.[155] Es por eso que deberías comenzar a pensar dónde quieres estar, en términos financieros, dentro de una década.

¿Deberías apuntar muy alto? No hay una respuesta correcta o incorrecta a esto y que sirva para todos. Depende de ti, eres tú quien debe decidir una meta con la que te sientas cómodo y feliz. ¿Qué quiero decir con eso? En primer lugar, tu objetivo debe ser lo suficientemente desafiante como para motivarte y esforzarte. Si pudieras «calcular» exactamente cómo llegar allí, entonces tendrías una señal clara de que tu objetivo no es lo suficientemente ambicioso, y deberías ir un poco más allá.

Por otro lado, no tiene sentido establecerse un objetivo tan ambicioso que te resulte imposible creer que alguna vez puedas alcanzarlo. Por ejemplo, si te dices a ti mismo que quieres ser más rico que Bill Gates y Warren Buffett, llegar a la cima de la

154. Hill, *Piense y hágase rico.*
155. Colvin, *El talento está sobrevalorado.*

lista de milmillonarios de Forbes..., entonces, tu detector interno de tonterías probablemente se activará y te impedirá creer plenamente en tus propias ambiciones.

Convertirse en millonario no requiere un coeficiente intelectual superior al promedio ni unas habilidades académicas excepcionales. Apenas el 15 % de los millonarios estadounidenses que amasaron su fortuna merced a su actividad como empresarios citó el tener un alto coeficiente intelectual como un requisito previo para su éxito financiero. En cambio, el 61 % enfatizó la importancia de llevarse bien con los demás. Las habilidades de liderazgo y la capacidad de vender tus ideas o tus productos fueron otros aspectos muy valorados, ambos con un 45 %.[156]

Conozco a varias personas que construyeron una fortuna de decenas o incluso cientos de millones y que obtuvieron ese dinero honestamente sin tener que pasar ningún examen de ingreso a la universidad. En el capítulo 4 hablé sobre la importancia de las ventas. Pues bien, muchos vendedores muy exitosos nunca fueron a la universidad. Si ellos lograron hacerlo, ¿por qué no podrías hacerlo tú?

La mayoría de aquellos que evitan fijarse metas ambiciosas lo hacen por miedo al fracaso. Pero ¿no es acaso cierto que, si sigues el consejo del autor que cité al comienzo de este capítulo y te dices a ti mismo que nunca lograrás ganar un millón, habrás fracasado sin siquiera haberlo intentado?

Dicho esto, quizá es una buena idea guardarte tus metas financieras para ti mismo y compartirlas solamente con otras personas exitosas que ya han logrado lo que estás buscando. Son esas personas que ya han triunfado las que tienen muchas más probabilidades de entenderte y animarte a perseverar. Al fin y al cabo, son personas que ya lograron hacer exactamente lo mismo que tú estás persiguiendo ahora. Por tanto, saben que tus ambiciones no son necesariamente «irreales». Sin embargo, si le cuentas tus planes de convertirte en millonario a alguien que no ha tenido éxito financiero en su vida, probablemente esa persona te res-

156. Stanley, *La mente millonaria.*

ponderá que «sigas soñando» o que podrás lograrlo «el día que las vacas puedan volar...».

Es perfectamente normal que alguien que se fije como meta el construir una fortuna de, por ejemplo, uno o diez millones de dólares se vea atormentado por algunas dudas. Hablar con otros que también dudan será como usar un fertilizante que contribuya a que esas dudas se acrecienten. Tarde o temprano, esas mismas dudas tomarán el control de tu forma de pensar y actuar y probablemente terminarás arrojando la toalla tan pronto como te encuentres con uno de los muchos obstáculos que sin duda surgirán en el camino hacia la materialización de tu ambición.

Por eso, una vez que hayas escrito tu objetivo general para los próximos diez años, divídelo en hitos más modestos que se deberían lograr año tras año. Sin embargo, ten cuidado de no intentar que estos incrementos sigan una progresión lineal. Si tu objetivo es poseer un millón de dólares dentro de diez años, es poco probable que alcances los primeros 100.000 dólares en el primer año y que luego vayas añadiendo otros 100.000 dólares conforme vayas avanzando en cada ejercicio. En realidad, si lo logras, lo cierto es que es mucho más probable que tu riqueza se multiplique de manera exponencial. Dicho con otras palabras, sería más realista apuntar a 50.000 dólares durante el primer año o incluso quedarse en 25.000 dólares. Esto no te impediría, en absoluto, el poder alcanzar el millón al final del décimo año.

Cómo programar tu subconsciente

Una vez que hayas establecido y escrito tus metas, y una vez que hayas fijado los hitos para llegar a ellas año tras año, podrás aumentar enormemente tus posibilidades de alcanzar estos objetivos a base de «programar» tu subconsciente. Yo mismo he estado practicando una disciplina mental conocida como «entrenamiento autógeno» a lo largo de los últimos treinta años. Desarrollado originalmente a partir de la hipnosis, sin duda, este método te permitirá alcanzar un estado de relajación completa, haciendo que tu subconsciente sea extremadamente receptivo a sugerencias y pueda visualizar mejor tus metas.

Es importante convencer a tu propio subconsciente de que tus metas financieras son tanto deseables como factibles. Una vez hayas «programado» con éxito estas metas en tu subconsciente, sabrás encontrar distintas formas de alcanzarlas. Como expliqué en páginas anteriores, no tienes por qué saber exactamente cómo llegar a cumplir esas metas, sólo necesitas saber a dónde quieres ir. Esto te proporcionará una brújula interna que te guiará en la dirección correcta. De repente, un día sabrás encontrar la oportunidad idónea para iniciar tu propio negocio, para desarrollar una gran idea para un segundo trabajo o para poner en marcha una inversión lucrativa.

Muchas personas tienden a desestimar estas prácticas considerando que son mera charlatanería o pensamiento mágico. Gran parte de este escepticismo se basa en la suposición de que, «si realmente fuera tan simple, todos lo haríamos». Pero no, no todos lo hacen. De hecho, también es cierto que la mayoría de las personas no se fijan metas y que mucho menos las escriben (o, si lo hacen, apuntan demasiado bajo...). De igual manera, la mayoría de las personas no practican técnicas mentales que les permitirían alcanzar objetivos ambiciosos. Y, de igual manera, la mayoría de las personas no leen libros como éste.

Por cierto, es un hecho que los ricos son mucho más propensos que los pobres a definir y escribir sus metas. El autor estadounidense Thomas Corley se pasó cinco años observando y entrevistando a personas ricas y pobres. Para desarrollar su investigación, clasificó como ricos a aquellos con unos ingresos anuales de más de 125.000 dólares y un volumen de activos por encima de los 2,5 millones de dólares, mientras que aquellos con una renta de menos de 27.500 dólares por ejercicio y un patrimonio de menos de 4.000 dólares fueron catalogados como pobres.

El estudio encontró una diferencia significativa en la orientación y la persecución de metas de uno y otro grupo. Así, el 62 % de las personas ricas dijo que se enfocaba en cumplir sus objetivos todos los días, en comparación con el 6 % de las personas pobres que decían hacer lo propio.[157] Dos de cada tres personas ricas también dijeron que habían puesto sus metas por escrito.

Entonces, ¿por qué no intentarlo? ¿Consideras que ésta es una forma «irreal» de tratar de alcanzar tus ambiciones? Sin duda, lo «irreal» sería pensar que puedes seguir tu vida sin más y despertar de repente una mañana descubriendo que eres millonario... Eso, definitivamente, no va a suceder. Tu situación financiera actual es el reflejo exacto de tu forma actual de pensar; y no podrás cambiar lo primero sin cambiar lo segundo.

Tan pronto como te fijes un objetivo financiero ambicioso y comiences a visualizar esa meta, tu vida empezará a cambiar. Surgirán nuevas oportunidades. Personas a las que antes ni prestabas atención de repente tendrán un significado importante para ti. Atraerás a personas y te verás inmerso en situaciones que te ayudarán a alcanzar tu objetivo. Y la tensión entre tus objetivos (tu estado deseado) y tu situación (tu estado actual) te generará una insatisfacción productiva que te impulsará y motivará.

A lo largo de tu vida, tu subconsciente ha almacenado mucha información a la que ni siquiera podrías acceder conscientemente si lo intentaras. A partir de ahora, sigue alimentándolo con información positiva, leyendo libros sobre personas que han materializado sus más grandes ambiciones, sea cual sea su campo de desempeño. Sigue buscando ejemplos de personas que sean ambiciosas y exitosas y que hayan llegado a donde tú quieres estar. Observa a estas personas y habla con ellas para extraer más información útil y constructiva que actúe sobre tu subconsciente.

Recuerdo una amable conversación con un conductor en un largo viaje en taxi. Le pregunté cuáles eran sus otros intereses, y me dijo que había ido a la universidad. En un primer momento, pensé que eso significaba que había abandonado sus estudios superiores, pero resulta que había completado con éxito una licenciatura en Biología. Por supuesto, eso me hizo preguntarle por qué conducía un taxi en el que ganaba poco más de 1.000 euros al

157. «Hörbücher und Zahnseide. Die Marotten der Reichen», *Finanzen100*, 20 de octubre de 2014.

mes. Entonces, me contó una historia larga y complicada, no recuerdo todos los detalles, pero básicamente me habló de su mala suerte, de las injusticias que había sufrido y de la desesperanza que le provocaba su situación actual.

En algún momento, el conductor me pidió consejo sobre qué podría hacer para cambiar las cosas y que la vida le fuese mejor. Le respondí: «No puedo decirte eso, apenas te conozco desde hace veinte minutos. Pero tal vez deberías tomarte cuatro semanas libres y dedicarlas a hablar con gente que gane al menos diez veces más que tú». El conductor me replicó que no conocía a nadie así, puesto que las únicas personas que conocía eran sus colegas taxistas o trabajadores desempleados. Sospecho que ese círculo de gente probablemente contribuyó a reforzar su convicción de que su situación no ofrecía salida alguna.

Cuando las personas que no tienen éxito se juntan, a menudo se desalientan mutuamente. Les gusta hablar de forma pesimista sobre la desigualdad social, culpar a los demás de sus problemas, criticar «el sistema» y cargar contra «los de arriba», pensar en sí mismos como gente que juega el papel del «hombre común» sin oportunidades... Al actuar así, se privan de cualquier posibilidad de avance que pudieran haber tenido.

Los ricos piensan de manera diferente. Los estudios realizados por investigadores de la riqueza han demostrado que las personas más acaudaladas no culpan a otros de sus propias desgracias o problemas. El 88 % de los ricos alemanes suscriben la siguiente frase: «La dirección que toma mi vida depende de mí».[158] Otro 59 % está de acuerdo con la siguiente afirmación: «La mayoría de las personas que se meten una y otra vez en problemas graves tienen al menos parte de culpa de lo que les ocurre».[159] Según el estudio , solamente el 2,5 % de la élite financiera del país teutón expresó «una creencia muy débil en la capacidad que tienen las personas de controlar su propio destino».[160] En cambio, un asombroso 62 % se mostró firmemente convencido

158. Sehity y Schor-Tschudonowskaja, p. 160.
159. Ibídem, p. 163.
160. Ibídem, p. 161.

de que su buena o mala fortuna depende de sí mismo. En otras palabras, aquellas personas que toman el control de sus propias vidas, en lugar de culpar de cualquier vivencia negativa a la «sociedad» u otros factores externos, tienen más probabilidades de amasar una gran riqueza.

Por supuesto, establecer metas financieras ambiciosas no es suficiente. También es preciso tener conocimientos sólidos sobre dinero e inversiones que te ayuden a evitar las trampas del mercado financiero. De lo contrario, corres el riesgo de perder el dinero que has ganado. La segunda mitad de este libro te enseñará cómo invertir mejor tu dinero para proteger y aumentar tu riqueza. Ante todo, la clave pasa por asumir la responsabilidad de tus propias inversiones.

Parte 2

Conservar riqueza

8

Asume la responsabilidad de tus inversiones

Como muestran los ejemplos citados al comienzo de este libro, no basta con ganar mucho dinero —a menos que sepas cómo protegerlo y cómo aumentar tu riqueza—. Todos los ganadores de la lotería, los deportistas de éxito, los actores de Hollywood y las estrellas del pop que perdieron su fortuna no tenían la menor idea de cómo invertir de forma competente sus ganancias, así que confiaron esta tarea a sus «asesores». No pudieron o no quisieron gestionar sus propias finanzas.

Comprando este libro y leyendo hasta este punto has dado un paso en la dirección correcta para hacerte cargo de tus propias inversiones. Es sorprendente cuántas personas confían en la intermediación de «asesores» y dejan esta cuestión en manos de estas personas, muchas de las cuales trabajan para bancos o compañías de seguros.

Suponer que un ejecutivo de ventas contratado por el banco es en modo alguno un asesor independiente solamente porque él lo dice es el primer error de principiante que puedes cometer. La mayoría de estos profesionales son meros vendedores, y su trabajo no es otro que generar ingresos para el banco vendiendo los productos financieros de la compañía. Sus objetivos de venta y sus instrucciones sobre lo que pueden venderte o no provienen directamente de la dirección de la entidad financieras. Esperar que te proporcionen asesoramiento independiente bajo estas circunstancias es algo bastante ingenuo.

Algunos bancos y compañías de gestión de activos ofrecen servicios de asesoramiento basados en el cobro de comisiones directas, lo que significa que el asesor recibe un pago directo del cliente en vez de una parte de la comisión de las ventas que el banco consigue si el cliente sigue los consejos del asesor. Este tipo de transacción es mucho más transparente para el cliente y elimina los conflictos de interés que afectan a la mayoría de las consultas, que a menudo devienen en decisiones de inversión recomendadas por el asesor con base en las comisiones que generan para la entidad. Sin embargo, muy pocos clientes aprovechan actualmente este tipo de opciones, y, aunque el riesgo de conflictos de interés es mucho menor cuando simplemente pagamos una comisión directa a quien nos asesora durante una reunión de trabajo, esto no significa necesariamente que el asesor añada valor alguno para el cliente.

Los clientes más adinerados del banco son solamente un poco menos ingenuos que el ciudadano promedio. Muchos empresarios o profesionales que han ganado mucho dinero en su trabajo sobreestiman enormemente su capacidad a la hora de tomar decisiones financieras acertadas. El problema es que sus habilidades como prestigiosos profesionales de la medicina, maestros del derecho o exitosos directivos empresariales no significan, en modo alguno, que sean personas cualificadas para realizar buenas inversiones. Más bien al contrario: como han tenido éxito en su propio campo profesional, a menudo se sienten invencibles y acaban tomando malas decisiones financieras.

Muchos individuos de elevado patrimonio neto (bastante ricos o ultrarricos) delegan sus decisiones financieras en una oficina familiar o confían en el equipo de banca privada y gestión patrimonial de su banco. Éstos son servicios ofrecidos solamente a clientes más ricos, que se sienten halagados cuando se les ofrece esta opción y esperan que esto se traduzca en un servicio de gran calidad adaptado a sus requisitos particulares. A las instituciones de banca privada les gusta atraer a los clientes con frases vacías que hablan de «asesoramiento financiero a medida» o prometen una brillante «gestión de activos».

He conocido muchas de estas exclusivas oficinas. En todas ellas, sus asesores exhiben unos excelentes modales, se respira un ambiente sofisticado, se contemplan muebles caros y se comparten continuas referencias a la larga y distinguida trayectoria histórica de la entidad. Sobre todo, lo que se transmite a los clientes en este tipo de espacios es una impresión tranquilizadora de elitismo, como quien se compra un producto de una casa de lujo o se aloja en un hotel de máxima categoría que sólo unos pocos elegidos pueden permitirse. Desafortunadamente, lo cierto es que a menudo no hay muchas más diferencias entre los servicios que ofrecen las divisiones de banca privada y los que podrías recibir acudiendo a tu sucursal para entrevistarte con un comercial al uso de la entidad que se dirige a diario a un mercado masivo de clientes.

Siempre me he preguntado por qué las instituciones de banca privada tienen la tendencia a responder a mi solicitud perfectamente razonable de información sobre su historial de gestión de activos con todo tipo de excusas, en vez de con respuestas concretas. Estas instituciones llegan a ser muy originales a la hora de evitar darme números exactos. «Tenemos diferentes clientes con diferentes necesidades»; «No tiene sentido comparar rentabilidades por ejercicio porque seguimos un enfoque de rentabilidad total», bla, bla, bla. En mi opinión, los resultados deberían hablar por sí mismos. Dicho con otras palabras, si el enfoque de «rentabilidad total» del banco está funcionando, no hay absolutamente ninguna razón para no divulgar, documentar y comunicar tales resultados. ¿Qué mejor forma de ganar clientes que exhibiendo evidencia que acredite un historial de rentabilidades por encima del promedio?

Sin embargo, si un banco proporciona información sobre la rentabilidad pasada, también debemos tener prudencia, porque tal desempeño solamente puede tomarse como válido si las mismas personas que fueron responsables de lograr esos resultados siguen trabajando en la entidad. Si la persona que solía estar a cargo de seleccionar fondos y acciones ha fichado por otro banco o ha iniciado su propio negocio, cualquier evidencia de rentabilidad pasada tendrá poco o ningún significado en el presente y el futuro. Curiosamente, hasta ahora no se ha realizado ninguna investigación científica que evalúe el historial de rentabilidad a largo plazo de las carteras de banca privada...[161]

En la mayoría de los casos, los asesores financieros te ofrecen un servicio incompleto, puesto que ignoran por entero algunas clases de activos. Aunque no es raro que un individuo de elevado patrimonio neto invierta un tercio o incluso la mitad de su dinero en el sector inmobiliario, es difícil encontrar asesores financieros que sean verdaderos expertos en este campo. Hay una buena razón para esto: el mercado inmobiliario maneja procesos mucho menos estandarizados que sus productos financieros preferidos, lo que significa que el proceso de consulta se vuelve más complicado y lleva más tiempo cuando el cliente se interesa por el «ladrillo».

También hay que tener en cuenta que los inversores inmobiliarios tienden a comprar y mantener sus propiedades en cartera durante largos períodos de tiempo, lo que hace que este tipo de perfil sea menos atractivo desde el punto de vista del banco, ya que cualquier capital «atado» a bienes inmuebles deja de estar disponible para ser desplegado en otros tipos de inversión. Los bancos obtienen ganancias con inversiones de corto plazo y cualquier reestructuración de cartera que aumente sus ingresos por comisiones. La única razón por la que pueden ver con buenos ojos las inversiones inmobiliarias es la posibilidad de venderles a los clientes una hipoteca. De lo contrario, consideran que el «ladrillo» es una suerte de «capital muerto» vinculado a activos de largo plazo que generan ganancias solamente para el cliente. Y, por supuesto, desde el punto de vista de la entidad financiera, las únicas inversiones que valen la pena son aquellas que generan ganancias... para el banco.

En cuanto a la inversión en acciones, la verdadera «prueba del algodón» que debemos exigir a cualquier institución financiera de banca privada o gestión patrimonial pasa por comprobar si sus asesores logran superar la rentabilidad del mercado a largo plazo. Si su estrategia consiste en invertir el capital de sus

161. Kommer, pp. 120-121.

clientes en acciones individuales (en vez de hacerlo en fondos de inversión), la pregunta que debes hacerte es la siguiente: ¿qué te hace pensar que el Departamento de Banca Privada o Gestión Patrimonial de este banco es superior a todos los demás gestores de fondos? Y, si no crees que exista tal diferencial positivo, ¿por qué no invertir tu dinero en un fondo más competitivo que simplemente replique el comportamiento medio del mercado? Los fondos indexados llamados ETF (*exchange traded funds*) son, de hecho, una opción mucho más económica para los inversores, como explicaré en un capítulo posterior.

Por otro lado, si un banco invierte el dinero de sus clientes a través de un fondo paraguas que a su vez invierte en fondos específicos en lugar de en acciones individuales, lo cierto es que tal apuesta incluye más capas de comisiones, de modo que dudo mucho que esta opción pueda ofrecer unas mejores perspectivas a largo plazo que las que se pueden obtener invirtiendo en un fondo indexado.

Nunca he entendido por qué un cliente de banca realmente cree que su asesor financiero puede competir con la élite global de la inversión. He ahí la clave del asunto. Debes recordar que tú o, mejor dicho, tu asesor financiero competís con los mejores inversores profesionales del mundo. Ray Dalio, fundador de Bridgewater Associates, el fondo de cobertura (o *hedge fund*) más grande del mundo, explica con acierto por qué es ingenuo pensar que un pequeño inversor tiene la menor oportunidad de ganar a los profesionales del sector: «Tengo mil quinientos empleados y cuarenta años de experiencia y, créeme, el juego es difícil... Esto es como disputar una partida de póker con los mejores del mundo. Tan pronto como entras en el juego, no estás midiéndote solamente contra los chicos que están sentados al otro lado de la mesa. Es un tablero de alcance mundial, y solamente un pequeño porcentaje de personas gana dinero de verdad. De hecho, esos pocos ganan mucho... y también pueden quitarles su dinero a aquellos que no son tan buenos en ese mismo juego».[162]

Incluso si un gestor de carteras de una división de banca pri-

162. Citado en Robbins, *Dinero, domina el juego.*

vada puede generar una rentabilidad bruta que supere en un punto porcentual el desempeño medio del mercado, su resultado neto seguirá siendo un punto porcentual inferior de lo que se podría haber logrado invirtiendo en un ETF que no esté gestionado de forma activa, como ha demostrado en su tesis doctoral el investigador Gert Kommer. Esto es así porque las comisiones más comunes (de aproximadamente un 2 %) y los costes netos de estos productos financieros (por ejemplo, las comisiones por éxito) hacen que, incluso superando al mercado en términos brutos, el resultado final siga siendo significativamente peor de lo que sugiere este ejemplo.[163]

Los inversores casi siempre subestiman las consecuencias a largo plazo de las comisiones. Permíteme darte un ejemplo. Supongamos que tienes invertidos 100.000 dólares en un fondo gestionado activamente o en un vehículo que un asesor financiero maneja en tu nombre. Si hacemos una estimación conservadora, podemos asumir que las cargas de tal inversión ascenderán al 2 % al año. Alternativamente, si invirtieras esa misma cantidad en un ETF, los costes anuales estarían más cerca del 0,5 %. Supongamos que, en ambos casos, tu inversión logra una rentabilidad anual antes de comisiones del 8 %. Imaginemos que tal rentabilidad media se mantiene durante un período de treinta años. El modelo de inversión «pasiva» generaría así una rentabilidad neta de 875.000 durante tres décadas, mientras que el marco de inversión «activa» se quedaría en 574.000 dólares, es decir, 300.000 dólares menos. ¡Y todo enteramente por pagar unas comisiones más altas! Dicho con otras palabras, pagar por la «gestión activa» de tu inversión te costaría un total de 300.000 durante el período de treinta años que hemos planteado. ¿Hubieses imaginado que un 1,5 % pudiese recortar tus resultados en 300.000 dólares? Y, si hubieras sabido que la gestión activa te costaría 300.000 dólares, ¿habrías optado por esa opción?

No estoy tratando de disuadirte de confiar tus finanzas a una firma de gestión de activos o a una división de banca privada. Sin embargo, una cosa es que «confíes» en tales opciones de inver-

163. Kommer, pp. 122-123.

sión y otra es que tengas «fe ciega» en sus capacidades. En un escenario ideal, deberías poder utilizar a tu asesor como un compañero de *sparring* con el que «pelearte» para discutir tus ideas de inversión y, por el camino, aprender y adquirir experiencia en estas lides.

Al final, tanto si decides hacerte cargo de tus inversiones como si se las confías a un banco, un gestor de activos o cualquier otro tipo de asesor financiero, debes recordar que la responsabilidad final de cuidar tu dinero es siempre tuya. Entonces, ¿por qué muchas personas se niegan a asumir esta responsabilidad? Es más fácil delegar la responsabilidad a un tercero, porque siempre puedes culpar a tu banco o a tu asesor por cualquier inversión fallida. Si tu inversión tiene éxito y funciona según lo que habías planeado, siempre puedes atribuirte el mérito de los resultados. Y si la cosa no va bien, puedes responsabilizar a otra persona. ¡El problema es que, si sigues pensando así, nunca te convertirás en un inversor exitoso!

La mayoría de las personas, ya sean ricas o no, no tienen ni de lejos el interés que deberían tener por el cuidado y el manejo de sus finanzas. Sin embargo, ten en cuenta que, junto con la salud, el trabajo y la familia, tus finanzas están entre los aspectos más cruciales de la vida de cualquier persona. Hay quienes guardan secretamente una actitud negativa hacia todo lo relacionado con el dinero y se niegan a involucrarse en profundidad en estas cuestiones. Sin embargo, nunca serás un inversor de éxito si eliges permanecer en el analfabetismo financiero... Al igual que ocurre con cualquier otra área de la vida, invertir es una habilidad que se puede aprender, tanto a partir de la experiencia como mediante la lectura de libros como éste.

Por último, recuerda que muchos inversores tienen una marcada tendencia a subestimar o sobreestimar la complejidad de este tema. Muchos productos financieros «estructurados» realmente son extremadamente complicados y complejos. Sin embargo, también es cierto que muchos de ellos no te serán de gran utilidad. Este libro te dice todo lo que necesitas saber sobre la inversión en acciones y bienes inmobiliarios, así como sobre fondos que invierten directamente en acciones y bienes inmobiliarios.

9

Desmitificando conceptos sobre la diversificación y la volatilidad

Difícilmente podrás pasar por una consulta con tu asesor de inversiones o leer un artículo sobre inversiones en una publicación especializada sin encontrarte con algunas verdades incuestionables. Entre las más destacadas se encuentran las siguientes afirmaciones generales:

1. ¡No pongas todos tus huevos en una sola cesta! ¡Reduce tu exposición diversificando tu cartera!
2. ¡Una baja volatilidad significa un riesgo más bajo en tus inversiones!

Estas dos suposiciones están vinculadas. Se supone que diversificar tus inversiones distribuyéndolas en diversas acciones y propiedades debería reducir la volatilidad de la cartera en su conjunto. Y, cuanto más reduzcas la volatilidad, menor será el riesgo. Al menos eso es lo que dicen muchos expertos.

Parece que tiene sentido, pero considera lo siguiente: si éstas son verdades incuestionables, ¿cómo es posible que Warren Buffett se haya pasado toda su carrera desmitificando estas dos cuestiones a través de innumerables discursos y artículos, así como con sus propias elecciones de inversión al frente de Berkshire Hathaway?

Antes de empezar a cuestionar estas dos suposiciones, déjame explicarte mejor el contexto en el que surgen y sus implicaciones. En la década de los cincuenta, Harry M. Markowitz desarrolló la teoría moderna de carteras de inversión (*modern portfolio theory*), que estaba basada en la premisa de que el riesgo general de una inversión puede minimizarse para cada nivel dado de rentabilidad esperada a base de elegir cuidadosamente la proporción de ahorro invertido en cada tipo de activo. Markowitz argumentaba al respecto que, cuanto menor fuera la correlación entre estos activos, más se podría reducir la desviación estándar general de la rentabilidad de la cartera. Según esta teoría, la mejor estrategia para maximizar el efecto de diversificación y así minimizar el riesgo de la cartera pasa por invertir en una combinación de activos que presenten una baja correlación entre sus niveles individuales de rentabilidad.

El viaje en el tiempo del inversor

Realicemos un experimento mental para determinar si es una buena idea distribuir tu capital en tantas inversiones diferentes como sea posible. Imagina que tienes una máquina del tiempo que te permite retroceder diez años atrás e invertir tu dinero. ¿Diversificarías tu cartera? Por supuesto que no. Gracias a la máquina del tiempo, sabrías exactamente qué inversiones han exhibido un mejor rendimiento en los últimos diez años, por lo que tendría todo el sentido poner todo lo que tienes en una única opción de inversión. Si el oro hubiera mostrado el mejor rendimiento durante la década analizada, ese *yo* que viaja en el tiempo compraría tanto oro como fuera posible, nada más. Si las acciones de Google hubieran superado a todos los demás activos, sería absurdo comprar cualquier otra cosa, y mucho más invertir en un fondo que distribuyera su capital en diferentes acciones.

Dicho con otras palabras, la diversificación siempre equivale a una cierta admisión de ignorancia y de incertidumbre inversora. No sabemos lo que deparará el futuro, así que distribuimos nuestro capital en diferentes inversiones para minimizar el riesgo asociado a una apuesta por el caballo equivocado.

Tanto si eres consciente como si no, realizar una inversión equivale a predecir el futuro. La razón por la que inviertes en la acción A mientras evitas la acción B radica en que esperas que la acción A supere el desempeño de la acción B. Sin embargo, solamente el futuro mostrará si esta predicción es correcta o incorrecta.

Invertí en el mercado inmobiliario de Berlín hace veinte años porque estaba convencido de que superaría el desempeño de otros mercados de propiedades. Si hubiera tenido dudas y hubiese preferido ser más conservador, habría actuado de otra forma, invirtiendo en un fondo inmobiliario que comprase cientos de propiedades repartidas por todo el mundo. De esta forma, habría obtenido una rentabilidad de unos pocos puntos porcentuales. Sin embargo, con mi apuesta por Berlín logré rentabilidades muy altas de dos dígitos.

Al no poner todos tus huevos en una sola cesta es posible que te protejas de las inversiones más desastrosas, pero también te estarás privando de la oportunidad de realizar las inversiones más exitosas. Los defensores de la hipótesis del mercado eficiente (*efficient market hypothesis*) afirman que es imposible obtener rentabilidades excesivas invirtiendo en acciones individuales que tienen un buen desempeño, porque los precios de las acciones ya incorporan y reflejan toda la información relevante. Sin embargo, esto sólo rige en mercados extremadamente transparentes y eficientes. Ciertamente, éste no era el caso del mercado inmobiliario de Berlín a finales de la década de los noventa y principios de la de los dos mil. De igual modo, toda información disponible está abierta a cierto nivel de interpretación. Un dato aislado vale muy poco: la pregunta importante es qué haces con él, cómo lo encajas en el contexto de otras informaciones disponibles y qué conclusiones sacas de todos esos *inputs* que tienes a tu alcance. Tener más información que tus competidores no te convierte necesariamente en un mejor inversor, pero ser capaz de sacar las conclusiones adecuadas de la información disponible sí lo hace.

Bernd Niquet, cuyos pensamientos sobre el funcionamiento del mercado de valores merecen ser leídos con detenimiento, lo explica así: «Un análisis exhaustivo del mercado de valores muestra que, en cualquier momento dado, hay suficientes cantidades de información positiva o negativa como para construir una tesis absolutamente convincente a favor de una mirada optimista al mercado y, al mismo tiempo, hacer lo propio anticipando una caída inevitable. Dicho con otras palabras, las mismas estadísticas se pueden utilizar para predecir que mañana habrá un día soleado y para decir que se aproxima una lluvia torrencial. En última instancia, esto significa que cualquier "sabiduría" que creamos tener en relación con el mercado de valores debe manejarse con extrema precaución».[164]

Te daré un ejemplo... Imagina que se publica el nuevo boletín de estadísticas oficiales de empleo y que los datos recogidos en el mismo documentan un aumento inesperado en los niveles de paro. Algunos inversores considerarían esto una mala noticia, porque esperan una recesión económica que se traducirá en una caída de las ganancias corporativas. Otros lo verán como una buena noticia, porque anticipan que el banco central reducirá los tipos de interés, lo que a su vez conllevará un aumento en los precios de las acciones.

Si la suma de toda la información disponible sólo permitiera un resultado posible, cualquier persona racional en posesión de esa información tendría que llegar inevitablemente a la misma conclusión. Sin embargo, la mayoría de las transacciones del mercado ocurren precisamente porque dos partes interesadas que tienen una misma información llegan a conclusiones diferentes a partir de los mismos datos disponibles. La persona que compra una acción o una propiedad espera que tenga un buen desempeño en el futuro, mientras que la persona que la vende confía en lo contrario. Solamente una de estas interpretaciones resultará ser correcta cuando pase el tiempo.

¿Qué significa esto para ti? Recuerda que la forma de reducir o evitar la necesidad de diversificación pasa por elegir mercados

164. Niquet, *Keine Angst vorm nächsten Crash*, p. 124.

ineficientes sobre los cuales tengas suficiente conocimiento como para poder anticipar tendencias futuras. «La diversificación es una protección contra la ignorancia, pero tiene muy poco sentido para aquellos que saben lo que están haciendo», enfatizó al respecto Warren Buffett.[165]

Para expresarlo de manera más amable y sencilla: si no confías en tu propia capacidad a la hora de elegir las mejores acciones o propiedades, tiene sentido invertir en un mercado de valores diversificado y en un fondo de inversión inmobiliaria diversificado. Después de todo, ser consciente de tu propia ignorancia no es signo de estupidez, sino de inteligencia. Alguien que sabe que no sabe está en una posición mucho más favorable que alguien que finge o cree saber cosas y realmente no sabe nada...

En el capítulo 12 describo el enfoque agnóstico que puedes seguir a la hora de invertir en acciones. Sabiendo muy bien que la mayoría de los inversores privados no consiguen superar consistentemente al mercado de valores, mi recomendación es optar por una cartera internacional diversificada dedicada a invertir en un índice global de acciones. Por supuesto, siguiendo este consejo, tu rentabilidad no será la misma que obtendrá Warren Buffett, pero no me digas que tu ego es incapaz de aceptar que no eres tan buen inversor como el Oráculo de Omaha...

Eso sí, antes de realizar cualquier tipo de inversión, deberías responder honesta y autocríticamente las siguientes preguntas:

1. ¿Cuán transparente es el mercado en cuestión? Por ejemplo, el mercado de valores de acciones de primera categoría es más transparente que la mayoría de los mercados inmobiliarios. En promedio, tendrás más posibilidades de lograr buenos niveles de rentabilidad en mercados menos transparentes —siempre y cuando tu respuesta a la siguiente pregunta sea un «sí», sin reservas.
2. ¿Cuánto sabes del mercado en cuestión? Incluso en un mercado transparente, podrás ganar más dinero que otros inversores si lo haces mejor analizando la información

165. Citado en Buffett y Clark, *El tao de Warren Buffett*.

disponible y mirando más allá del aquí y ahora a la hora de prever o anticipar la rentabilidad futura de una acción dada.

Los mitos acerca de la volatilidad y del riesgo

Recuerda las dos supuestas verdades que cité al principio de este capítulo. La segunda de ellas es aún más cuestionable que la primera. Incluso podría decirse que la segunda ha causado mucho más daño que beneficio...

La teoría de carteras desarrollada por Harry Markowitz y su estudiante William Sharpe define el riesgo como la volatilidad medida por la varianza de los rendimientos. Con más variabilidad (o, en términos matemáticos, con una mayor desviación estándar), tendremos mayor riesgo.

Antes de examinar críticamente esta teoría aplicada a la evaluación de riesgos, permíteme discutir otro error común. Muchos inversores creen que la volatilidad de una inversión en una clase de activo determinada es menor simplemente porque no hay una valoración regular. Puedes pensar que las inversiones inmobiliarias son «seguras» porque los precios de las casas no se imprimen en el periódico a diario y no cotizan continuamente en el mercado. Si compraste tu casa hace diez años, hoy no sabes cuánto vale, y solamente lo descubrirías si intentases venderla y tuvieses a un posible comprador a punto de firmar. Entre el momento en que compraste el activo y el momento en que lo pusiste a la venta y encontraste a un interesado podrías incurrir en una falsa sensación de seguridad, creyendo que el valor de tu casa ha aumentado, cuando quizá haya disminuido.

Los precios de las propiedades fluctúan, a menudo sin que sus dueños lo perciban. Cuando compré una villa en la ciudad de Berlín en 2004 pagué apenas la mitad de lo que el dueño anterior había pagado unos diez años atrás. Por supuesto, me confesó que le costaba creer que su propiedad se hubiera depreciado tanto. Durante dos años intentó en vano venderla a un precio que consideraba justo, pero su expectativa de precio era del todo irreal. En consecuencia, no encontró un comprador dispuesto a pagar el precio que estaba pidiendo. Finalmente, tuvo que admitir que sus expectativas eran demasiado altas y me vendió la casa a la mitad del precio que originalmente pagó.

Recientemente, pensé en la posibilidad de vender la propiedad y decidí que un agente inmobiliario procediese a realizar una tasación de su valor presente en el mercado. Según la valoración del agente, ahora vale el doble de lo que valía cuando la compré. Al final, decidí quedarme con la propiedad, así que nunca supe si esta estimación era realista, si podría haber obtenido aún más dinero o si habría tenido que conformarme con un precio de venta más bajo. Este ejemplo muestra que los precios de las propiedades están sujetos a fluctuaciones significativas, aunque sean invisibles.

La investigación sobre las razones que motivan a individuos e instituciones a invertir en propiedades inmobiliarias ha demostrado que la mayoría de estas personas y organizaciones valoran el alto nivel de «estabilidad» que imputan a estos activos. Sin embargo, en gran medida, tal impresión de «estabilidad» se debe a la falta de información disponible sobre los valores actuales que tienen tales propiedades en el mercado. Las fluctuaciones en el ámbito inmobiliario son menos visibles que en otros mercados, como el de bonos, acciones o materias primas, puesto que los valores presentes de las propiedades se evalúan y actualizan con mucha menos frecuencia, lo que fomenta la sensación o creencia de que apenas hay fluctuaciones en su precio.

El economista Michael Keppler utiliza el siguiente ejemplo para demostrar que la creencia de que la volatilidad es una medida adecuada de la exposición al riesgo es equivocada. Supongamos que el precio de una determinada acción sube un 10 % un mes, un 5 % el siguiente mes y un 15 % el mes siguiente. Según la desviación estándar de estas rentabilidades mensuales, invertir en esta acción sería más arriesgado que hacerlo en una acción que cae un 15 % mes tras mes. De hecho, el tenedor de la acción supuestamente de «mayor riesgo» ganará un 32,8 % en el trimestre analizado, mientras que el tenedor de la otra acción habrá sufrido una pérdida del 38,6 % en el mismo período.

Keppler concluye que la práctica generalizada de definir el riesgo como sinónimo de la volatilidad apreciada en las cotizaciones va en contra del sentido común. Ni la desviación estándar ni el factor beta guardan relación alguna con lo que los inversores entienden como el riesgo real que están enfrentando, que no es otro que la probabilidad de sufrir pérdidas en sus decisiones de inversión. El único beneficio derivado de medir el riesgo a través de la volatilidad es que la volatilidad es fácil de medir. Ésta podría ser la razón por la cual muchos inversores aplican persistentemente esta definición de riesgo, que Buffett y su socio Charlie Munger consideran absurda.[166] En cambio, ambos miden el riesgo en función de la probabilidad de que el inversor pierda dinero, y recuerdan a los inversores que el riesgo está «inextricablemente ligado al horizonte temporal a lo largo del cual van a mantener un activo en cartera».[167] Un inversor que piensa a largo plazo y mantiene un activo durante mucho tiempo no necesita preocuparse excesivamente por la volatilidad.

Lejos de ser una desventaja, la volatilidad de un activo puede incluso considerarse una gran ventaja. Si los precios de las acciones no fluctuaran tanto como lo hacen, los inversores no podrían comprar títulos interesantes a precios muy bajos (es decir, por debajo de su «valor justo») ni venderlos a precios muy altos (es decir, por encima de su «valor justo»). De igual modo, cuanto más largo sea el horizonte temporal para mantener un activo en cartera, menos deberá preocuparse el inversor en cuestión por la fluctuación y la volatilidad.

Hemos analizado el error de tomar la volatilidad como sinónimo de riesgo. También hemos considerado un segundo error: el de asumir que, si los precios de un activo no se evalúan de forma regular, como sucede con las propiedades inmobiliarias, entonces su riesgo es más bajo. Pues bien, ambos errores han hecho que se propaguen estrategias de inversión sin sentido que aumentan el riesgo asumido por los inversores, en vez de minimizarlo.

166. Cuando se escribió este libro, Charlie Munger (1924-2023) aún vivía. *(N. del e.)*

167. Citado en Schroeder, *La bola de nieve.*

Los inversores alemanes, por ejemplo, prefieren invertir su dinero en cuentas de ahorro en vez de hacerlo en acciones, porque lo segundo está sujeto a las temidas fluctuaciones. Este comportamiento va a causar un problema muy serio en un futuro no muy lejano. El sistema de pensiones oficial, que funciona sobre un modelo de reparto, no podrá resistir las presiones que ejercerá sobre el gasto el hecho de que la alemana es una sociedad cada vez más envejecida y con menos personas cotizando. Esto hará que más y más personas deban encontrar urgentemente nuevas formas de asegurar su futuro financiero. Sin embargo, al evitar sistemáticamente las acciones y primar productos de ahorro que apenas ofrecen una rentabilidad ligeramente superior a la inflación, lo único que están haciendo estos inversores es agravar la incidencia de la pobreza en la vejez.

Si deseas proteger y aumentar tu riqueza, no aceptes sin más todo lo que te dice tu asesor financiero. Los gráficos de apariencia científica que estos supuestos expertos suelen presentarles a sus clientes se basan, en gran medida, en suposiciones que vinculan el riesgo con la volatilidad y que consideran que la diversificación siempre es una solución superior. Como hemos visto, lo cierto es que la diversificación solamente es siempre una solución superior en segunda instancia, aunque a veces pueda ser un mal necesario para inversores lo suficientemente sabios como para darse cuenta de que no pueden batir al mercado.

Después de leer este capítulo sabes que la volatilidad no es un indicador fiable de riesgo ni una desventaja a la hora de elegir acciones en las que invertir. También sabes cómo distinguir mejor entre situaciones en las que es una buena idea diversificar tu cartera y otras en las que no lo es. A continuación nos ocuparemos de otro obstáculo común que atrapa y hace tropezar a muchos inversores desprevenidos: el llamado «sesgo nacional».

10

No caigas en la trampa del «sesgo nacional»

La globalización y el surgimiento de internet han creado oportunidades de inversión que simplemente no existían antes. Un inversor chino que esté pensando si invertir o no en un inmueble para dedicarlo al alquiler ya no está limitado a buscar propiedades adecuadas solamente en China. De hecho, puede investigar el mercado inmobiliario en Berlín o Nueva York sin moverse de su casa, a través de internet. Así, es posible que descubra que hay oportunidades de inversión más prometedoras en el extranjero que en el mercado local. En caso de que así sea, le será relativamente sencillo invertir su dinero en un inmueble ubicado en el extranjero.

En su día trabajé con una empresa que vende pisos en Berlín a inversores nacionales e internacionales. Un tercio de los alrededor de mil compradores con los que cerrábamos operaciones de venta cada año eran inversores transfronterizos provenientes de hasta 40 países diferentes, entre ellos Italia, Rusia, Francia, España y, cada vez más, China. Nada de esto habría sido posible sin internet.

Sin embargo, la mayoría de los inversores privados e institucionales no aprovechan al máximo estas oportunidades sin precedentes. Incluso en plena era de la globalización, prefieren invertir en su propio país. Esta preferencia, también conocida como el fenómeno del «sesgo nacional», ha sido investigada de forma extensa, especialmente en el mercado de valores.

Así, distintas investigaciones desarrolladas desde principios de la década de los noventa muestran que la gran mayoría de las acciones en manos de inversores estadounidenses (para ser precisos, un 93,8 %) eran títulos de compañías nacionales. El mismo enfoque analítico reveló porcentajes similares en Japón (98,1 %) o el Reino Unido (82 %).[168] Aunque las cifras que revelan estudios más recientes son más bajas, la mayoría de los inversores siguen mostrando una clara preferencia por la compra de acciones emitidas en su propio país, lo cual es difícil de explicar de manera racional. Un estudio de 2001 encontró que este porcentaje oscila entre el 75 y el 90 % en países como Alemania, Australia, Canadá, España, Estados Unidos, Francia, los Países Bajos, Italia, Japón, Suecia o el Reino Unido.[169] Otro estudio de 2005 llegó a resultados muy similares con datos para Alemania, Australia, Canadá, España, Estados Unidos, Francia, Italia, Japón, el Reino Unido y Suiza.[170]

En otro estudio publicado también en 2005, los investigadores examinaron las recomendaciones de inversión emitidas por bancos estadounidenses, japoneses y europeos. Los investigadores descubrieron que los bancos recomendaban abrumadoramente la compra de acciones emitidas a nivel local, en el mercado propio.[171]

El «sesgo nacional» también desempeña un papel significativo en las operaciones inmobiliarias realizadas por inversores institucionales. Por ejemplo, un estudio publicado en 2014 por Feri EuroRating demostró que el 63,3 % de las propiedades en manos de inversores institucionales alemanes se encontraban... en Alemania. Por comparación, estos mismos inversores destinaban solamente el 1,4 % de su cartera a los mercados en crecimiento de la región de Asia-Pacífico, donde tanto las tendencias

168. Huchzermeier, p. 5.
169. Dürr, p. 12.
170. Grimnitz, p. 13.
171. Huchzermeier, p. 8.

demográficas como el crecimiento económico son mucho más prometedores que en el país teutón.[172] Invertir en los mercados de Asia-Pacífico es hoy más fácil que nunca gracias a fondos inmobiliarios especializados y a vehículos REIT (*real state investment trust*), o fideicomisos de inversión en bienes inmuebles. Sin embargo, tanto en Alemania como en el resto de Occidente resulta evidente que los inversores institucionales comparten una clara preferencia por invertir en sus mercados inmobiliarios nacionales, sin importar lo grandes o pequeños o lo atractivos o no que puedan ser esos mercados.

Qué tienen en común los deportes y las inversiones

Grandes eventos deportivos internacionales como los Juegos Olímpicos o la Copa Mundial de la FIFA unen a los ciudadanos de diferentes países en torno a la creencia de que su equipo es el mejor del mundo. Algo similar sucede con las inversiones. Incluso los gestores de fondos estadounidenses compran una de cada diez acciones solamente porque la empresa en cuestión tiene su sede en la ciudad donde residen...[173] Estos hallazgos muestran que la preferencia por la compra de acciones emitidas en el mercado local se basa en algo más que la voluntad de evitar barreras lingüísticas o el temor a lidiar con los riesgos cambiarios y políticos asociados con la operativa en los mercados extranjeros. Aunque ninguno de estos factores entre en juego a la hora de elegir entre diferentes acciones emitidas en el mercado estadounidense, los gestores de fondos siguen demostrando preferencia por empresas cuya sede está radicada en sus propias ciudades.

Mi referencia a eventos deportivos no es simplemente una forma de llamar tu atención. Tanto en los deportes como en las inversiones, el orgullo nacional influye fuertemente en la creencia de que lo «nuestro» es superior a lo del «resto». Los investi-

172. Feri, p. 127.
173. Huchzermeier, p. 9.

gadores han demostrado que las inversiones en el extranjero disminuyen cuando aumenta el patriotismo. Para ser precisos, una caída del 10 % en los niveles de patriotismo observados en Estados Unidos conllevaría un aumento notable de las inversiones en el extranjero, que pasarían de 260.000 a 440.000 millones de dólares. De igual modo, después de que la administración de Estados Unidos volviera a etiquetar algunos de sus bonos como «bonos patrióticos» después de los atentados del 11 de septiembre de 2001, las ventas de estos títulos aumentaron un 43 % en comparación con el ejercicio anterior.[174]

Diversas encuestas formuladas entre inversores privados e institucionales han mostrado que estos profesionales del sector financiero tienden a ser relativamente más optimistas sobre el desarrollo futuro de sus respectivos mercados nacionales que respecto al desempeño de los mercados foráneos. Por lo general, inversores británicos, japoneses, estadounidenses y europeos esperan que su propio mercado de valores tenga un rendimiento mejor que los de otros países.[175]

En un estudio diferente, los investigadores encuestaron a dos grupos de graduados que completaron un curso de inversión. Los primeros lo estudiaron en una universidad alemana y los segundos, en una estadounidense. Pues bien, los encuestados alemanes se mostraron mucho más optimistas en relación con las acciones de empresas alemanas que en lo referido a los títulos de las compañías estadounidenses —mientras que sus homólogos estadounidenses hicieron lo contrario.[176]

Conocido como «sesgo nacional», este comportamiento lleva a los inversores a perderse oportunidades de inversión que ofrecen mayor rentabilidad y, además, aumenta el perfil de riesgo de sus operaciones. Según un estudio, las pérdidas provocadas por este enfoque pueden ser de entre el 1,48 y el 9,79 %, dependiendo de los diferentes mercados analizados.[177] Otro estudio registró

174. Ibídem. p. 13.
175. Ibídem.
176. Grimnitz, p. 13.
177. Ibídem, p. 16.

una pérdida media de rentabilidad del 1 %, mientras que otro estimó el coste en una horquilla comprendida entre el 0,82 y el 0,95 %.[178, 179] Aunque el hecho de que pueda perderse un punto porcentual debido al «sesgo nacional» no te parezca algo demasiado dramático, recuerda que esas pequeñas pérdidas de eficiencia pueden marcar una gran diferencia cuando se acumulan a lo largo de un período de diez años o más.

Los investigadores no encuentran explicaciones racionales para este fenómeno. ¿Qué es lo que suscita este tipo de comportamiento entre los inversores? Una explicación recurrente sostiene que algunos países ponen restricciones a las inversiones en el extranjero. Como ejemplo extremo, a las compañías de seguros estadounidenses se les prohíbe poseer más del 3 % de su cartera en valores extranjeros.[180] En Alemania también existen restricciones para los activos extranjeros mantenidos en cartera por parte de fondos inmobiliarios de renta variable abierta —a menos que tales activos estén cubiertos contra los riesgos cambiarios derivados de la operativa en mercados con divisa extranjera.

Sin embargo, estas restricciones no pueden explicar del todo la medida en que el «sesgo nacional» influye en las decisiones de inversión. En primer lugar, hay muy pocos países que impongan restricciones tan severas. En segundo lugar, incluso allí donde sí existen estas limitaciones, los topes máximos rara vez son de aplicación. Diseñadas para proteger a los inversores (por ejemplo, compradores de pólizas de compañías de seguros estadounidenses), tales restricciones simplemente reflejan la idea equivocada de que las inversiones en el extranjero son, por definición, operaciones más arriesgadas que las inversiones materializadas en el mercado nacional.

Otra explicación evidente del fenómeno del «sesgo nacional» es que los inversores son mejores a la hora de evaluar el valor de las oportunidades de inversión radicadas en su propio país que el potencial de opciones disponibles en otros mercados. Sin embar-

178. Ibídem, pp. 28-29.
179. Dürr, pp. 37-38.
180. Grimnitz, p. 20.

go, esta explicación tampoco es convincente. Puede tener sentido en aquellos casos en que los inversores elijan acciones individuales para sus decisiones de inversión. Sin embargo, no explica por qué los inversores que siguen una estrategia de inversión diversificada a la hora de invertir en mercados de valores específicos y no en acciones individuales estarían influenciados por el «sesgo nacional». Ten en cuenta, además, que internet ha puesto a disposición de todos una gran cantidad de información sobre empresas y acciones internacionales. Podemos acceder a todos esos datos con sólo hacer clic en un botón, estemos donde estemos en el mundo.

Centrarse en el mercado nacional puede ser una buena idea para aquellos inversores que realmente tienen el conocimiento y la experiencia para identificar acciones prometedoras, siempre que el mercado en cuestión sea lo bastante grande. Es simplemente absurdo que los inversores españoles inviertan más del 95 % de su capital en acciones domésticas o que los mexicanos se muevan en porcentajes similares, cerca del cien por cien. Sin embargo, el mercado estadounidense es otra cuestión. Warren Buffett, el inversor más exitoso del mundo durante décadas, invirtió exclusivamente en acciones estadounidenses durante muchos años, argumentando que había tantas oportunidades de inversión lucrativas en su propio país que no tenía necesidad de buscar opciones en ningún otro lugar. Sin embargo, Buffett es uno de esos raros inversores que ha tenido éxito de manera constante, batiendo al mercado y logrando rentabilidades significativas con decisiones de inversión muy inteligentes. En cambio, la mayoría de los inversores, ya sean individuos o instituciones financieras, carecen de esta excepcional habilidad y, por tanto, les irá mejor invirtiendo en fondos que repliquen el desempeño del mercado en su conjunto, en vez de ir seleccionando acción por acción (véase el capítulo 12 para obtener más información).

Dicho esto, hay ciertos escenarios en los que los inversores se benefician al centrar sus inversiones en el mercado nacional. Esto puede ser cierto en el caso de mercados cuya transparencia es relativamente menor y/o en el escenario de inversores que tienen un nivel muy alto de competencia para navegar por su mercado nacional mejor que otros, lo que les brinda buenas razones para creer que su operativa en dicho mercado tendrá mejor rendimiento que en otros.

Si te sientes seguro de tu capacidad para entender un mercado específico, puedes invertir directamente en él, eligiendo oportunidades de inversión específicas, ya sea comprando acciones o propiedades inmobiliarias. En ese caso, la proximidad geográfica a un mercado que no sea tan transparente en términos relativos puede ser una ventaja. De lo contrario, tendrás que realizar inversiones indirectas, generalmente a través de un fondo. (Consulta el capítulo 12 para obtener más información sobre la compra de acciones o participaciones en fondos de inversión, y el capítulo 13 para más información sobre inversiones inmobiliarias.)

Si decides que las inversiones indirectas a través de fondos son la mejor opción a tu alcance, piensa a nivel global. El patriotismo puede ser un sentimiento noble, pero no debería tener cabida en tus estrategias de inversión. Quizá los inversores de países como Alemania, Australia, Canadá, Italia o México están convencidos de que las acciones o las propiedades de sus respectivos mercados nacionales superarán a las del resto del mundo, pero el caso es que no todos pueden tener razón al mismo tiempo. Unos y otros se ven engañados por la creencia intuitiva de que los mercados extranjeros tienen más riesgo y, en el mismo sentido, la convicción de que una mayor cercanía significa una mayor familiaridad y, en última instancia, permite una mayor seguridad.

El fenómeno del «sesgo nacional» muestra cómo nuestras emociones y prejuicios interfieren con frecuencia en la formación y el diseño de estrategias de inversión inteligentes y sólidas. Muchos inversores primerizos radicados en cualquier parte del mundo optarán automáticamente por comprar acciones emitidas en su mercado nacional o invertirán en un fondo que invierte principalmente en su país, de modo que ni siquiera llegarán a considerar el buscar nuevas oportunidades en otro lugar.

La intuición puede ser una guía fiable y útil en muchas áreas de la vida, pero no debes aplicarla con tus decisiones de inversión de capital. En este capítulo sobre el «sesgo nacional» has aprendido que los inversores inteligentes deben ser capaces de resistir y cuestionar sus propias reacciones impulsivas, absteniéndose de invertir en su mercado local sólo porque sí. En lugar de seguir ciegamente esta intuición, pregúntate a ti mismo si de verdad hay buenas razones para invertir en tu mercado nacional, como ya hace de hecho una mayoría de los operadores privados e institucionales. Desconfía de ti mismo: la mayoría de nosotros somos capaces de encontrar razones para justificar *a posteriori* una decisión que realmente bebía de la más pura irracionalidad. En este sentido, los inversores inteligentes deben ser capaces de revisar objetivamente sus propios procesos de toma de decisiones y protegerse contra los engaños que causan los prejuicios y las emociones. Y, sobre todo, los inversores inteligentes que buscan el éxito a largo plazo deben inmunizarse contra la presión del grupo y resistir el atractivo de las tendencias generales de inversión.

11

«Inversión con espejo retrovisor» y tendencias mayoritarias

Por tu bien, espero que estés leyendo este libro justo después de que se haya producido una caída significativa en los mercados de acciones y de bienes inmuebles. Para los inversores que piensan a largo plazo, éste es el punto ideal para comenzar a operar, aunque muchos carecen de la valentía para hacerlo. De igual modo, si estás leyendo este libro en un momento en que los mercados de acciones y los precios de las propiedades evolucionan al alza, este capítulo te alertará sobre los riesgos de invertir cuando el auge está próximo a su cima.

Durante el período de redacción de este libro, los precios de todo tipo de activos (acciones, bonos, bienes inmuebles, etcétera) estaban subiendo casi continuamente. En tiempos como éstos, los inversores tienden a volverse demasiado confiados y optimistas, creyendo que la tendencia de aumento seguirá adelante. Por eso, analizar cómo se han desarrollado estas dinámicas en la historia reciente puede decirnos mucho sobre los peligros que acechan detrás de aparentes bonanzas en los precios de las acciones y las propiedades.

Permíteme usar dos ejemplos para ilustrar ciertas tendencias propias de los mercados financieros. Te voy a hablar de las dinámicas del mercado de valores a finales de la década de los noventa, con la mirada puesta en Alemania y Estados Unidos. Además, analizaremos lo sucedido en el mercado inmobiliario estadounidense a principios de la década de los dos mil. Ambos ejemplos deberían servirnos como una severa advertencia para los posibles inversores.

«El profesor se pregunta: "¿Por qué debería seguir trabajando?"»

El de 1996 fue un gran año para el mercado de valores de Alemania. El índice bursátil DAX aumentó más del 27 % hasta llegar a los 2.889 puntos. Los medios se apresuraron a publicar noticias muy entusiastas sobre este desarrollo, y los ciudadanos alemanes se interesaron cada vez más por invertir en fondos y paquetes de acciones. La inversión en bolsa se disparó de 1.300 millones de euros a 15.000 millones entre 1996 y 1997.[181]

La tendencia al alza en el mercado de valores parecía destinada a continuar en el futuro. Con el DAX subiendo otro 18,5 % en 1998 y superando la barrera de los 5.000 puntos, la evolución parecía clara. Los medios elogiaron la «importancia psicológica» de que la cotización del DAX rebasase el umbral de los 5.000 puntos, como suelen hacer cada vez que un índice supera cualquier «marca» de mil puntos.

Tras haber mostrado cierta aversión a las acciones en el pasado, cada vez más alemanes comenzaron a comprar títulos en el mercado de valores. Algunos operaban como si no hubiera un mañana. «Invertir en el mercado de valores es aclamado como un elemento fundamental para construir riqueza. Comprar acciones se ve como un deber cívico», comentó al respecto un observador del mercado en un libro titulado *Börsenfieber* (Fiebre bursátil). El autor llega a afirmar que «la gente comprará cualquier cosa siempre que en la caja diga que son acciones». Puede que sea una ligera exageración, pero sin duda refleja el estado de ánimo de aquel proceso.[182] Más recientemente, el mercado de

181. Las cifras sobre el desempeño del mercado de valores alemán son de BVI, la asociación alemana de fondos de inversión.

182. Staute, pp. 31 y 42.

valores ha experimentado patrones similares. Hay lecciones que extraer de lo que sucedió posteriormente en Alemania —y los inversores que confían en China y en otros mercados harían bien en estudiar cuidadosamente los eventos acaecidos en Alemania.

Habiendo descubierto su nuevo apetito por las acciones, los alemanes invirtieron 35.300 millones de euros en acciones y fondos a lo largo del año 1999. A corto plazo, obtuvieron una generosa recompensa, puesto que a finales de año los precios habían subido otro 39 %. No se trataba de un caso aislado, sino de una tendencia mundial, puesto que los mercados financieros evolucionaban al alza en todo el mundo.

Durante cualquier período de *boom*, los medios tienden a crear expectativas poco realistas. En octubre de 1999 se publicó *Dow 36,000: the new strategy for profiting from the coming rise in the stock market* (Dow 36.000: la nueva estrategia para obtener ganancias en el próximo auge del mercado de valores), una obra de James K. Glassman y Kevin A. Hassett. Ambos autores predijeron un aumento del índice Dow Jones hasta alcanzar los 36.000 puntos. El plazo que manejaban era de cinco años. El libro se convirtió en un éxito de ventas en Estados Unidos y se publicó en alemán unos meses después. En aquel momento, la cotización del Dow Jones se movía en torno a los 11.000 puntos. Sin embargo, en vez de seguir subiendo hasta los 36.000 que predijeron los autores, la bolsa sufrió una fuerte caída y se hundió a un mínimo de 7.524 en 2003. De hecho, el Dow Jones alcanzó los 36.000 veinte años después de que Glassman y Hassett predijeran que llegaría a tal punto.

A principios de 2000, el estado de ánimo en Alemania alcanzaba su punto más eufórico en lo referido a la bolsa. El DAX seguía subiendo más y más rápido. Desde los 6.858 puntos alcanzados a finales de 1999, el mercado había seguido creciendo hasta llegar a los 8.070 en marzo de 2000. En el primer trimestre del año no se escuchó ni una sola voz de precaución en los medios alemanes: todos se habían subido al carro de promover las inversiones en el mercado de valores como la mejor oportunidad para enriquecerse rápidamente.

El 22 de febrero de 2000, poco antes de que estallara la burbuja, los titulares de portada del *Bild-Zeitung*, el periódico nacional más grande de Alemania, hablaban de «¡Locura por el dinero!». En uno de sus artículos planteaban lo siguiente: «El profesor se pregunta: "¿Por qué debería seguir trabajando?". Todos hablan de las acciones más "calientes" del mercado. Las amas de casa están apostando su dinero en el mercado de valores. Se habla de rentabilidades del 300 % gracias a internet. ¿Puedo enriquecerme yo también?».[183] Todavía recuerdo a mi peluquero compartiendo conmigo sus consejos de inversión o a los padres de mi novia, que nunca habían mostrado el más mínimo interés en la bolsa, pegados al televisor para obtener consejos y salir corriendo al día siguiente para comprar las acciones recomendadas en la pequeña pantalla. Todas estas señales eran muestra inequívoca de que la burbuja estaba a punto de estallar.

Y así sucedió. En 2000, después de años en los que se cumplían todas las condiciones para hablar de un «mercado alcista», el DAX cayó un 7,5 %, hasta los 6.376 puntos. Aunque la caída inicial no fue tan dramática como podría haber sido, muchos inversores entraron en marzo, cuando la bolsa se movía en el entorno de los 8.000, de modo que sufrieron pérdidas sustanciales.

Como con cualquier otro exceso, los efectos del derroche en el mercado de valores tardaron tiempo en desaparecer. Adormecidos por una falsa sensación de seguridad derivada de años de lectura y escucha de informes financieros e informaciones periodísticas que ensalzaban las acciones como la forma más segura de inversión, y aceptando de buena fe las garantías de los expertos que prometían que la desaceleración del curso sería simplemente un revés temporal, muchos inversores aprovecharon la oportunidad para comprar aún más acciones mientras los precios caían. Los bancos desarrollaron mecanismos altamente rentables para vender acciones y fondos de inversión y nadie quería detener aquellas dinámicas. Sólo en el año 2000, los alemanes

183. «Geld-Rausch! Ein Lehrer fragt: Warum soll ich noch arbeiten?», *Bild-Zeitung*, 22 de febrero de 2000.

invirtieron casi 74.000 millones de euros en bolsa. El DAX experimentó una caída más significativa en 2001, perdiendo casi el 20 % de su valor, pero los bancos siguieron vendiendo sus fondos de acciones y los alemanes siguieron invirtiendo en ellos, inyectando otros 13.000 millones de euros.

En 2002, las cosas fueron de mal a peor y el mercado de valores alemán se dejó otro 44 %, cayendo primero a 2.839 puntos y después a un mínimo de 2.593. Los inversores que entraron en el mercado de valores en marzo de 2000 tenían ahora apenas un tercio de su capital. Aquellos que decidieron cortar sus pérdidas en 2002 se quedaron con apenas 3.200 euros por cada 10.000 euros invertidos inicialmente.

Fue entonces cuando los alemanes perdieron el apetito por los fondos y las acciones, encontraron que había muchos inversores intentando vender y muy pocos dispuestos a comprar. La inversión neta en fondos cayó a 2.900 millones de euros en 2002, apenas el 4 % de los niveles observados apenas dos años antes. Sin embargo, los pocos inversores que compraron fondos de acciones en 2002 se vieron recompensados por su valentía puesto que, apenas un año después, en 2003, el DAX subió más de un 27 %. De igual modo, el mercado creció nuevamente en 2004, 2005, 2006 y 2007. Así, los inversores que movieron ficha y entraron en bolsa en el punto más bajo (2.593 puntos en 2002) triplicaron su dinero al llegar el año 2008, cuando el DAX alcanzó un máximo de 8.046 puntos. Aquellos que decidieron monetizar sus ganancias en aquel punto se quedaron con 31.000 euros por cada 10.000 euros de capital inicial invertido.

Por otro lado, aquellos que ingresaron al mercado demasiado tarde y comenzaron a invertir en febrero o marzo de 2000, en el apogeo de la euforia del mercado de valores, pero mantuvieron sus acciones durante los años de caída de precios, pudieron recuperar al menos su inversión inicial al llegar el año 2008.

Luego golpeó la crisis financiera mundial. ¡En 2008, el DAX cayó más del 40 %! Los inversores habían perdido desde hacía tiempo la confianza en los fondos de acciones. En 2006, las salidas de capital fueron de 7.800 millones de euros, cifra que casi se duplicó en 2007, hasta llegar a los 14.200 millones. En 2008, las salidas superaron los 1.000 millones.

El número de alemanes que poseían acciones en fondos de acciones alcanzó su punto máximo histórico cuando rozó los 10 millones de personas (cifra equivalente a más del 15 % de la población), pero disminuyó constantemente hasta situarse alrededor de los 6 millones de pequeños inversores en 2010.[184] Esta tendencia continuó en 2012 y 2013, aunque el DAX subió un 29 y un 25,5 % anual en cada uno de estos años. Pese a ello, la salida de capital que experimentaron los mercados durante estos dos ejercicios rebasó los 11.200 millones.

¿Qué lecciones podemos sacar de los altibajos del mercado de valores y los flujos de capital experimentados por la bolsa y los fondos de inversión en acciones cotizadas? En esencia, parece claro que la mayoría de los inversores siguen las tendencias generales. Como mencioné anteriormente, los inversores alemanes invirtieron casi 110.000 millones de euros en 1999-2000, coincidiendo con el apogeo de la euforia bursátil. Éste era, en realidad, el peor momento para entrar en el mercado. En cambio, el momento perfecto habría sido el período de finales de 2002, cuando el DAX se había dejado ya casi un 44 % de su valor —y, sin embargo, en este punto se produjo apenas una entrada neta de capital de 2.900 millones.

¿Por qué la mayoría de los inversores actúan de manera tan irracional? Yo lo atribuyo a una mentalidad que podríamos definir como la práctica de la «inversión con espejo retrovisor». La mayoría de los inversores evalúan el potencial futuro de una acción dada a partir de su desempeño en los últimos meses o años. Cuanto más dinero ha generado una acción a otros inversores, mayor es su confianza en la misma. Incluso los inversores más renuentes se ven atrapados por la emoción derivada de informes publicados a diario sobre las grandes oportunidades que ofrece la bolsa.

Los medios juegan un papel significativo a la hora de crear y perpetuar estas dinámicas. En el apogeo del auge del mercado de

184. Datos del Deutsche Aktieninstitut.

valores abundan las predicciones de expertos que predicen que los precios seguirán subiendo sin cesar. De repente, todos conocen a alguien que se ha enriquecido invirtiendo en fondos de acciones. Los matrimonios comentan la historia de un vecino que parece haber encontrado oro invirtiendo en bolsa. Los asesores financieros instan a sus clientes a no perderse la mejor oportunidad de inversión de los últimos tres, cinco, diez o incluso veinte años. En el apogeo del auge, hay evidencia de sobra para respaldar estas afirmaciones y, finalmente, hasta el más renuente se rinde y acaba accediendo a participar de esta increíble oportunidad.

La dinámica de la presión del grupo explica en gran medida las fuerzas psicológicas que están en juego en estos procesos. Los psicólogos han llevado a cabo distintos «experimentos de conformidad» en los que se muestra a los participantes una tarjeta con una línea dibujada y, a renglón seguido, otra con tres líneas. En esa segunda tarjeta, la primera línea es igual a la de la primera, mientras que las otras dos son más larga y más corta, respectivamente. A continuación, los investigadores piden a los participantes en el experimento que digan en voz alta qué línea de la segunda tarjeta coincide en longitud con la de la primera, pero buena parte de los que están ahí sentados son actores infiltrados en el experimento que responden al unísono incorrectamente. Pues bien, este ejercicio ha revelado que, ante esa aparente unanimidad, una mayoría de los participantes reales en el estudio tienden a compartir esa respuesta, por mucho que sea incorrecta.

Las teorías de aprendizaje desarrolladas por la psicología ayudan también a explicar el comportamiento descrito anteriormente, que es objetivamente irracional. A diferencia de su comportamiento cotidiano como consumidores, los inversores compran las acciones que tengan el precio más alto. Supongamos que el precio de una acción determinada sube de 2 a 10 dólares, cae después a 3 y sube finalmente a 15. Pocos inversores se sienten tentados de comprar el título a 2 dólares, pero muchos más lo hacen a partir de 4, por mucho que el coste se haya duplicado. Han visto cuántas ganancias se pueden obtener con esta acción y quieren participar de su evolución. Si los informes positivos y las opiniones favorables de expertos y analistas instan también a los inversores a comprar esa acción entre referencias varias a su precio objetivo, el comportamiento se verá reforzado, lo que arroja una primera ronda de ganancias a corto plazo. El título sube a 5 dólares, luego a 6, después a 7... y, con cada repunte, los operadores se sienten reivindicados, los matrimonios se felicitan por sus inteligentes estrategias de inversión y los asesores financieros se sienten confiados sabiendo que sus clientes están contentos.

Sin embargo, en algún momento, el precio comienza a bajar y la acción en cuestión cae de 10 a 9 dólares. La mayoría de los inversores se consuela con el hecho de que han obtenido una ganancia importante (sobre el papel) y confían en que la caída sea temporal. Muchos incluso aprovecharán la oportunidad para comprar nuevas acciones. Cuando el precio siga cayendo a 8 dólares y luego baje a 7, la mayoría seguirá manteniendo sus títulos en cartera en vez de vender y materializar las pérdidas. Es en este punto cuando entra en juego el «principio de esperanza».

Sin embargo, como el precio cae a 5 y después a 4 dólares, llega un momento en que la mayoría de los inversores pierden la esperanza. Cualquier informe de los medios sobre el futuro de la acción será, probablemente, negativo. Incluso los analistas que suelen ser optimistas recomendarán la venta del título. Así, muchos inversores seguirán su consejo y, a corto plazo, se verán reivindicados porque el precio siga bajando a 3 dólares.

Los inversores que van en contra de la tendencia y adoptan una estrategia contraria comprando cuando el precio baja de 5 a 4 se verán penalizados a corto plazo y sólo cosecharán algún tipo de recompensa si siguen invertidos en la acción a largo plazo. Inicialmente, perderán dinero (sobre el papel) a medida que el precio continúe bajando y caiga a 3 dólares. Se necesita mucha confianza para no perder la calma y los nervios en este momento, cuando todo informe y toda noticia sobre la acción parecen ser negativos. Habrá momentos en los que el inversor se preguntará si realmente es un profeta que predica en soledad en el desierto o quizá un conductor que discurre en sentido contrario por la carretera y no puede entender por qué los demás van en dirección opuesta.

Sin embargo, en este escenario, el comportamiento anticíclico se vería generosamente recompensado, porque, superada esa fase bajista, el precio de la acción comenzará a subir nuevamente y finalmente alcanzará los 15 dólares. Incluso si la participación queda liquidada a 8 dólares, el inversor habrá duplicado su inversión inicial, por mucho que se haya perdido una ganancia que habría podido ser aún mayor.

La mayoría de las personas no son buenas pensando a tan largo plazo. Si lo fueran, los fumadores y los obesos no representarían una proporción tan grande de la población... El deseo de obtener recompensas a corto plazo es mayor que el miedo a los daños que podemos sufrir a largo plazo. Esto también es aplicable en el caso de las inversiones de capital, en general, y en el campo de las inversiones en el mercado de valores, en particular. Nuestra ansia de gratificación instantánea se satisface cuando el precio sube, y tendemos a evitar el dolor causado por las caídas de precio cortando la operativa y vendiendo con rapidez. Es por eso que la mayoría de los inversores no es capaz de nadar contra la corriente y comportarse de forma anticíclica. He ahí la razón por la cual tan pocos inversores son capaces de ganar dinero de verdad en el mercado de valores.

No te dejes llevar por aforismos pegajosos que dicen que «la tendencia es tu amiga» o que «con la marea creciendo, todos los barcos se elevan». Puede haber algo de verdad en estos viejos proverbios, pero solamente para aquellos inversores que se interesan simplemente por las operaciones de más corto plazo. En cambio, aquellos que piensan a largo plazo estarán mejor ignorando estos reclamos por completo.

Por supuesto, el secreto del éxito en la bolsa no consiste en hacer lo contrario de lo que todos los demás están haciendo. Si fuese seguro que ganaremos dinero comprando acciones cuyos precios han caído bruscamente, habría muchas más personas haciendo lo propio. En realidad, algunas acciones simplemente siguen perdiendo y perdiendo valor sin llegar a recuperarse nunca, lo que significa que comprar ese título sólo porque su precio está cayendo no es más inteligente que comprar solamente en el caso de que el precio esté aumentando. Una acción que ya ha perdido el 50 % de su valor bien podría perder otro 90 % de su precio de cotización en el futuro.

«Históricamente, las acciones son aceptadas como inversiones o descartadas como apuestas de manera rutinaria y circular; y esa decisión se toma, generalmente, en los momentos incorrectos», explica Peter Lynch, uno de los gestores de fondos de acciones más exitosos del siglo XX, al frente del Fidelity Magellan Fund.[185]

El economista estadounidense Robert J. Shiller ha llevado a cabo un fascinante estudio que demuestra la absurdidad de la llamada «inversión con espejo retrovisor». Su libro *Exuberancia irracional* (publicado originalmente en 2000) resume los hallazgos de su investigación sobre las mayores oscilaciones bursátiles observadas a lo largo y ancho del globo en períodos de uno y cinco años.

En dos de cada tres países que experimentaron los mayores aumentos durante cinco años, los precios de las acciones cayeron en los cinco años siguientes. Por otro lado, en el 94 % de los países que experimentaron una caída más intensa del precio de sus acciones durante períodos de cinco años se produjo una ganancia real (ajustada a la inflación) del 122 % en los cinco años siguientes. «De manera que vemos una tendencia bastante sustancial, aunque imperfecta, puesto que los movimientos importantes de los precios de las acciones se revierten en nuevos períodos de otros cinco años, tanto en procesos de auge como en tiempos de bajada de las valoraciones», comenta al respecto Shiller.[186] Dicho con otras palabras, es extremadamente arriesgado comprar una acción sólo por su desempeño positivo en los últimos años.

Sin embargo, esto también es cierto para los demás tipos de activos. Ni siquiera una rentabilidad positiva a lo largo de las décadas garantiza que el valor de dicha inversión seguirá aumentando. De hecho, si los precios suben a un ritmo demasiado rápido

185. Lynch, *Un paso por delante de Wall Street*.
186. Shiller, *Exuberancia irracional*.

sin razón aparente (por ejemplo, compensando caídas exageradas en el pasado), esto bien podría ser una señal de que vienen problemas en el futuro.

Reformar y revender casas en el mercado inmobiliario de Estados Unidos

Tomemos, por ver un segundo ejemplo, el desempeño del mercado inmobiliario estadounidense. Publicado por primera vez en 1987 y calculado retroactivamente hasta 1890, el índice de precios de la vivienda S&P/Case-Shiller recoge distintos índices mensuales que miden los precios de venta de viviendas unifamiliares en Estados Unidos. Desde los 5 puntos que alcanzó en 1941, su cotización siguió aumentando casi continuamente hasta llegar a 189 puntos en 2006. Sin embargo, entre 1999 y 2006, este indicador se duplicó de 92 a 189 puntos. Como hoy sabemos, aquélla fue una de las peores burbujas jamás conocidas en la historia de los mercados financieros.

¿Qué causó un aumento tan extremo en el transcurso de apenas siete años? Como respuesta a la burbuja del mercado de valores desarrollada entre 2000 y 2002, Alan Greenspan, que ocupaba entonces la presidencia de la Reserva Federal, bajó repetidamente los tipos de interés hasta dejarlos apenas en un 1 %. El Nasdaq cayó un 74 % desde su máximo histórico, alcanzado en 2000, y el índice S&P 500 se dejó un 43 % a lo largo del mismo período, de modo que Greenspan rebajó tipos para intentar reanimar el mercado.[187]

Mientras tanto, la administración Bush relajó las regulaciones en vigor para facilitar que personas con un historial crediticio deficiente pudiesen acceder a préstamos hipotecarios con mayor facilidad. Combinando esta dinámica con unos tipos de interés que iban a menos, este nuevo contexto dirigido por la ideología estaba destinado a aumentar las ratios de propiedad de vivienda entre las «minorías» sociales del país norteamericano

187. Fleckenstein y Sheehan, p. 125.

—pero sus resultados fueron desastrosos—. En sus memorias *La era de las turbulencias*, Greenspan defiende su actuación diciendo lo siguiente: «Era consciente de que aflojar los términos crediticios de las hipotecas y facilitar la financiación a prestatarios de alto riesgo aumentaría el riesgo financiero. Sabía que las iniciativas orientadas a subsidiar el acceso a la propiedad de vivienda distorsionarían los resultados del mercado. Sin embargo, entonces, como ahora, creía que los beneficios de la ampliación de la propiedad de vivienda valían la pena, de modo que estaba dispuesto a correr el riesgo».[188]

Millones de personas se lanzaron a comprar casas, también los inversores que las reformaban y revendían inmediatamente para cosechar ganancias fáciles. Aquella situación era comparable a la de un mercado bursátil alcista en el cual los precios de las acciones siguen subiendo pronunciadamente y la gente confía en que podrá vender sus acciones próximamente a un precio indudablemente más alto. Entre 1997 y 2002, los precios de las casas en Estados Unidos subieron un 42 %, con ganancias aún más sustanciales en algunas ciudades. Así, los inmuebles se revalorizaron un 67 % en Nueva York, un 75 en Jersey City, un 69 en Boston o un 88 en San Francisco.[189]

Tanto los prestamistas hipotecarios como los compradores estaban embriagados por estas oportunidades aparentemente infinitas que les prometían ricas ganancias. Las reglas de la gravedad y del sentido común ya no parecían ser de aplicación. Diversos estudios han demostrado que el 60 % de los préstamos concedidos según los ingresos declarados de los solicitantes (es decir, sin requerir una prueba formal que acredite las rentas reales de quienes solicitaban la financiación) se concedió a personas que habían inflado al menos en un 50 % sus remuneraciones anuales.[190] Según un análisis realizado por Credit Suisse, solamente en 2006, las instituciones financieras estadounidenses otorgaron préstamos por un total de 276.000 millones a prestatarios que no pre-

188. Greenspan, *La era de las turbulencias.*
189. Fleckenstein y Sheehan, p. 138.
190. Para saber más de estas estadísticas, véase: Sommer, caps. 1 y 2.

sentaron pruebas formales que acreditasen sus ingresos (en algunos casos, las pruebas presentadas fueron incompletas; en otros casos, ni siquiera presentaron documentación). También se popularizaron productos como la hipoteca 2/28, que cobra un tipo muy bajo en los dos primeros años (el «cebo») y después aplica un interés mucho mayor en los veintiocho años restantes del contrato.

Éste es otro ejemplo clásico que muestra los riesgos de la «inversión con espejo retrovisor». Las hipotecas *subprime* (o de alto riesgo) otorgadas a personas con un historial de crédito deficiente fueron empaquetadas como CDO (*collateralized debt obligation*, u obligaciones de deuda garantizadas). Posteriormente, los CDO se vendieron a inversores que buscaban un poco más de rentabilidad. Dado que los precios de la vivienda habían subido consistentemente durante décadas, la probabilidad estadística de incumplimiento parecía ser extremadamente baja. Sin embargo, tan pronto como los precios comenzaron a caer, esas estadísticas y cálculos demostraron tener un valor mucho menor que el que reflejaba originalmente el papel en el que estaban escritos.

El índice de precios de la vivienda S&P/Case-Shiller, que analiza el desempeño de las veinte principales áreas metropolitanas de Estados Unidos, cayó un 35 % entre julio de 2006 y febrero de 2012. Entre las ciudades más afectadas nos encontramos con Tampa, donde los precios de las viviendas cayeron un 48 %, seguida de Detroit (−49 %), Miami (−51 %) y San Francisco (−46 %).[191]

Muchos estadounidenses que habían comprado su hogar en el pico de valoraciones de la burbuja del mercado inmobiliario acabaron perdiendo sus casas. Las deudas que contrajeron superaban de forma creciente el menguante valor de sus propiedades. A menos que hubieran podido refinanciar la hipoteca, muchos vieron cómo el banco prefería ejecutar la hipoteca, desahuciar a los inquilinos y liquidar la propiedad en un proceso de subasta.

Los inversores que compraron CDO también sufrieron pérdidas masivas, pero, como en toda burbuja financiera, en este

191. Para saber más de estas estadísticas, véase: Shiller, *Exuberancia irracional.*

proceso hubo ganadores y perdedores. Los perdedores fueron aquellos que se dejaron llevar ingenuamente por la marea de la histeria colectiva que solamente imaginaba que los precios seguirían subiendo. En cambio, los ganadores fueron aquellos que tuvieron el sentido de comprar y vender sus participaciones en el mercado inmobiliario o de derivados siguiendo una estrategia anticíclica.

John Paulson, un gestor de *hedge funds* (o fondos de cobertura) relativamente desconocido antes de la explosión de la burbuja inmobiliaria, fue uno de los inversores que mejor entendió lo que estaba sucediendo y, de hecho, logró enormes beneficios. El vehículo inversor de Paulson ganó 20.000 millones de dólares, y él se embolsó 4.000 millones a base de comprar CDS (*credit default swaps*, o permutas de incumplimiento crediticio), es decir, contratos de derivados de crédito que aseguran al comprador contra pérdidas causadas ante el eventual incumplimiento de un valor subyacente, en este caso un conjunto de hipotecas *subprime* titulizadas que cayesen en situación de impago o incumplimiento.

Dado que la mayoría de los operadores del mercado no esperaban que los prestatarios incumplieran en sus hipotecas, las primas que se pagaban por comprar estos seguros eran ridículamente bajas. Con todo, muchos de los inversores que compraron CDO confiaron en las valoraciones de las agencias de calificación, basadas a su vez en cálculos de la probabilidad estadística de incumplimiento. Solamente una minoría de inversores, entre ellos Paulson, se dio cuenta de que los datos históricos en los que se basaban estos cálculos tenían poca o ninguna relevancia como elemento predictivo de desarrollos futuros del mercado inmobiliario. Así, era cierto que los precios de las viviendas habían subido consistentemente a lo largo de las últimas décadas, pero también era cierto que el porcentaje de hipotecas *subprime* vigente durante buena parte de ese proceso había sido mucho menor.

Paulson, y otra minoría de inversores, fue capaz de componer un análisis detallado capaz de identificar riesgos que la mayoría de los operadores del mercado habían ignorado. No se centró simplemente en lo que podía suceder bajo supuestos optimistas, sino que también estudió qué ocurriría si las cosas iban mal. Se ocupó especialmente de aquellos mercados inmobiliarios locales donde la especulación de precios había sido más extrema y las hipotecas se habían otorgado de manera más imprudente a prestatarios con menor solvencia crediticia.

No fue tanto que su apuesta anticipase necesariamente que los prestatarios incumplirían los pagos de las hipotecas *subprime* y desencadenarían eventos de permutas de incumplimiento crediticio (CDS). Más bien, anticipaba un fuerte aumento en las primas de los CDS en el momento en que los precios de la vivienda empezasen a caer y otros operadores se dieran cuenta de que el riesgo de incumplimiento era mucho mayor de lo que se había asumido hasta entonces. Por supuesto, no podía estar seguro de cuánto tiempo más seguirían subiendo los precios de las viviendas, pero, cuando comenzaron a caer, su apuesta dio grandes frutos. La razón por la que personas como Paulson ganaron tanto dinero fue porque mostraron el coraje de sus convicciones y sus estrategias de inversión estuvieron guiadas por sus propios procesos de análisis, y no por las tendencias generales ya existentes en el mercado.

El desarrollo y eventual pinchazo de la burbuja inmobiliaria de Estados Unidos, que acarreó a su vez una gran crisis financiera y económica, revela de manera ejemplar la psicología de los mercados financieros. Tanto los inversores privados como institucionales tienen la tendencia a actuar irracionalmente, al resistirse a ir en contra de las opiniones de la mayoría de sus pares. Si bien este tipo de comportamiento no crea *per se* las burbujas del mercado, sí es cierto que, con frecuencia, impide que los inversores aprovechen las oportunidades que tienen a su alcance y terminen por asumir riesgos innecesarios so pretexto de evitar riesgos imaginarios.

Para mi estudio *The wealth elite*, les pedí a 45 personas extremadamente ricas que completaran una prueba de los cinco grandes rasgos de personalidad compuesta por un total de 50 preguntas. Ninguno de mis entrevistados se mostró en desacuerdo ante algunas afirmaciones, como la siguiente: «Me describiría a mí mismo como alguien que prefiere seguir su propio camino».

De hecho, pocas afirmaciones suscitaron tal grado de consenso como la anterior.

Tener el coraje de ir en contra de la opinión mayoritaria es, probablemente, un requisito previo para realizar inversiones exitosas, ya que esto es lo que permite comprar barato y vender caro. Por supuesto, actuar así no garantiza definitivamente el éxito, ya que siempre existe un peligro real de que el inversor se equivoque y no mida bien el momento de actuar, especialmente cuando las inversiones están altamente apalancadas. El inversor que sigue tesis contrarias a la mayoría de forma sistemática (lo que se llama un *contrarian* en inglés) también depende de que, en algún momento, los demás jugadores del mercado asuman su criterio, porque, después de todo, solamente cuando esto sucede veremos que los precios suben y que al fin se pueden materializar y realizar los beneficios esperados.

Los inversores que actúan de forma contraria a la tendencia general no tienen problemas para vender cuando los mercados están eufóricos, porque tienden a sentirse incómodos cuando su opinión pasa a ser compartida por la mayoría. Consideran que la opinión mayoritaria viene a decir lo contrario de lo que hay que hacer, mirada escéptica que mantienen tanto en las fases de pánico generalizado como en los tiempos de subidas eufóricas.

Ceder a la presión del grupo, seguir las tendencias y dejarse guiar por el rebaño son comportamientos típicos de los inversores de bolsa que operan a pequeña escala. Sin embargo, estos comportamientos se dan también entre inversores de otro tipo, incluidos los grandes inversores institucionales, caso de las compañías de seguros, los fondos de inversión y de pensiones, etcétera. Además, estas actitudes son apreciables en distintos mercados, no solamente en los de valores y bienes inmuebles.

Los operadores que toman decisiones en nombre de inversores institucionales no son empresarios guiados por el deseo de tener éxito, sino empleados cuya principal prioridad es evitar el fracaso. El psicólogo estadounidense John William Atkinson, pionero en el estudio científico de las motivaciones humanas, acuñó los términos *buscadores de éxito* y *evitadores de fracasos* para describir dos tipos de personalidad diferentes.

Pues bien, no pocos inversores institucionales caen en la última categoría.

Desde su subjetivo punto de vista, valorar la evitación del fracaso sobre el deseo de éxito no es, de ninguna manera, irracional. Al contrario: cualquier fracaso probablemente tendrá consecuencias personales desastrosas, como, por ejemplo, el despido o la destitución, mientras que el éxito será recompensado de forma mucho más testimonial y menos significativa, ya que se estima que su sueldo ya recoge la expectativa de que tomarán buenas decisiones.

Quienes toman decisiones en grandes operativas de inversión institucional están frecuentemente guiados por una especie de diálogo interno, que puede ser consciente o subconsciente y que se plantea algo así: «¿Qué sucede si voy en contra de lo que todos los demás están haciendo? Si mi decisión es equivocada, me culparán y me considerarán responsable de lo ocurrido, pensando que algo me ha poseído y que he comprado una acción que nadie en su sano juicio habría tocado en el actual contexto de mercado».

En cambio, ese mismo gestor no tendrá muchos problemas si adopta una decisión que luego resulta ser incorrecta, pero es similar a lo que ha hecho la competencia. Sus jefes, o las juntas a las que reporta, no esperan que sea mucho más inteligente que los demás. Él sabe que, en el peor de los casos, tiene la carta perfecta para salir indemne de la quema, diciendo que «todos los demás» hicieron exactamente lo mismo y que «en ese momento» había un «consenso general» de que esa inversión era sólida.

¿Qué lecciones se pueden aprender de esto? Como inversor particular, te encuentras en una posición extremadamente afortunada, porque no tienes que rendir cuentas a ninguna junta ni a ningún comité. Tampoco tienes que justificar tus decisiones ante nadie más que ante ti mismo. Es mucho más fácil actuar así y tomar decisiones racionales a título particular, confiando en tu propio juicio. Recuerda lo que dijo el pionero de la inversión sir John Templeton: «El momento de mayor pesimismo es el mejor momento para comprar; y el momento de mayor optimismo es el mejor momento para vender».[192]

192. Citado en Betz y Kirstein, p. 114.

Por supuesto, no todo aumento en los precios de las acciones o de las propiedades inmobiliarias denota una burbuja. Sin embargo, si los precios suben espectacularmente en un corto período de tiempo y todos aquellos con los que hablas parecen creer que seguirán subiendo indefinidamente, debes proceder con extrema precaución. Por otro lado, si todo lo que escuchas sobre una determinada oportunidad de inversión es negativo, echa un vistazo más de cerca, porque podría ser que el mercado esté reaccionando exageradamente y que los precios estén cayendo más drásticamente de lo que deberían.

Recuerda no confiar demasiado en los medios de comunicación. Durante los períodos de euforia, tienden a centrarse en las razones por las que deberías invertir, ignorando cualquier noticia negativa. En las fases de caída hacen lo contrario, centrándose en las razones por las que no deberías invertir e informando solamente acerca de evoluciones y noticias negativas. Al tener en cuenta en todo momento que la imagen que obtienes de los medios de comunicación es probablemente demasiado «negra» o demasiado «blanca», tendrás muchas más posibilidades de evitar la trampa de la «inversión con espejo retrovisor», paso previo para invertir con éxito.

12

Compra de acciones: el «enfoque agnóstico» y la «estrategia de Ulises»

Las inversiones financieras difieren de otras áreas de la vida en un aspecto importante. Con el dinero, saber qué no hacer y qué trampas y errores debemos evitar importa mucho, muchísimo. En los dos capítulos anteriores he discutido algunos de los errores más frecuentes cometidos por los inversores, como el «sesgo nacional» o los efectos de la «inversión con espejo retrovisor». Este capítulo también plantea algunos errores comunes cometidos por los inversores. Como verás, evitar todos estos fallos lleva casi inevitablemente a adoptar lo que a mí me gusta definir como un «enfoque agnóstico».

Todo inversor potencial en el mercado de valores tiene tres opciones diferentes: comprar acciones individuales por su cuenta, invertir en fondos gestionados de forma activa o invertir en fondos «pasivos», que replican un índice específico de la bolsa de valores.

Comprar acciones individuales sólo tiene sentido si crees que eres mejor prediciendo el mercado que los gestores de fondos profesionales y que también puedes batir al mercado si entendemos como tal la réplica de un índice bursátil. Numerosos estudios han demostrado que los inversores rara vez logran estos resultados —si es que los logran alguna vez.[193]

193. Kommer, p. 46 y ss.

El 95 % de quienes compran y venden acciones son operadores profesionales que estudian a diario el mercado de valores para ganarse la vida. Cada vez que compras o vendes una acción, la persona que está en el extremo opuesto de la transacción probablemente sea un profesional. Pese a ello, la mayoría de los inversores particulares creen erróneamente que pueden vencer a los profesionales en su propio juego.

Los estudios muestran que la mayoría de los inversores particulares sobreestiman significativamente su propia capacidad de moverse en estos entornos. Una encuesta realizada entre ciudadanos alemanes que invierten por su cuenta reveló que el 70 % de ellos se consideraban «mejores que el promedio», pero un análisis de sus resultados reveló que apenas consiguieron una rentabilidad equivalente a la cuarta parte del crecimiento del DAX durante el período analizado.[194] Aunque el optimismo es una cualidad importante, lo cierto es que puede convertirse fácilmente en la perdición de un inversor.

Numerosos investigadores han estudiado en qué medida los inversores sobreestiman sus capacidades y las razones que hay detrás de dicho fenómeno. Estos experimentos confirman que las personas tienden a pensar que pueden influir directamente en el resultado que arrojan eventos que podríamos definir como aleatorios. A los participantes en un estudio se les pidió que apostaran a cuál será el resultado de un lanzamiento de dados. Los coordinadores del experimento permitían que los participantes apostasen antes de lanzar los dados o después de haberlos tirado, pero sin haber revelado aún el resultado. Pues bien, cuando apostaban antes de la tirada, los participantes ponían más dinero encima de la mesa. Esto es lo que los investigadores definieron como la «ilusión de control», una dinámica que también llevaría a los inversores a sobreestimar sus posibilidades de hacer fortuna en el mercado de valores.[195]

¿Cómo deciden los inversores particulares cuándo deben comprar o vender? Muchos simplemente compran acciones que

194. Ibídem, p. 48.
195. Beck, p. 61.

ya han exhibido un desempeño sólido. Leen un artículo en los medios sobre tal o cual empresa cuya valoración bursátil ha aumentado un 20, 30 o incluso un cien por cien. Por supuesto, ésta es una de las razones por las que estas estrategias de inversión no son sostenibles a corto plazo y definitivamente no funcionan a largo plazo. Los expertos en ventas cortas profesionales pueden ganar dinero comprando y vendiendo en nanosegundos, pero, como inversor particular, no tendrás muchas posibilidades contra sus sistemas automatizados y sus modelos altamente sofisticados.

A muchos inversores privados les gusta adoptar los «consejos en caliente» (*hot tips*) que reciben de conocidos o que encuentran en publicaciones financieras. En estas últimas se suele citar a analistas que generalmente recomiendan comprar acciones específicas. Pues bien, un informe publicado por Stephen McClellan, que trabajó como analista del mercado de valores en Wall Street durante tres décadas, arroja conclusiones desalentadoras para quienes siguen este enfoque. Así, según McClellan, las habilidades de prospectiva de los analistas están claramente sobrevaloradas, y sus predicciones son cualquier cosa menos fiables. El informe de McClellan muestra que las recomendaciones tienden a centrarse en el corto plazo, porque la mayoría de los clientes están interesados en este tipo de operativa. Al respecto, McClellan advierte de que los analistas acaban sirviendo a los intereses de los *traders* en vez de a los inversores. De hecho, considera que su investigación es más útil para los *traders* que operan a corto plazo; en cambio, opina que seguir consejos de inversión es mucho menos adecuado para aquellas personas que buscan hacer inversiones a largo plazo.[196]

Si insistes en comprar acciones individuales podría ser mejor invertir en aquellas acciones que ni siquiera están en el radar de los analistas. McClellan muestra que, en 2006, las 50 acciones incluidas en el S&P 500 que recibieron menos interés y cobertura por parte de los analistas lograron una revalorización del 24,6 %, frente a la subida del 13,6 % que experimentó todo el índice S&P durante el mismo período de tiempo. Ese mismo

196. McClellan, p. 56.

año, la lista promedio de «recomendaciones de brókeres» arrojó también una rentabilidad más débil que la del S&P 500 en su conjunto.

Las publicaciones financieras suelen presumir de que tienen la opinión de supuestos «gurús del mercado de valores» cuya fama se debe a que han acertado una o dos veces —por ejemplo, financieros que lograron predecir una caída notable del mercado de valores—. Sin embargo, muchas de sus predicciones incorrectas se olvidan o se despachan discretamente, para dar esa sensación de infalibilidad. Algunos de estos «gurús» se han ganado una reputación cultivando su imagen de pesimistas extremos o de «profetas del colapso», mientras que otros se han posicionado como una suerte de optimistas sin remedio. En tiempos de caídas en los precios de las acciones, a los medios les gusta brindarles su plataforma a los primeros, mientras que los tiempos de subida de los precios de las acciones significan que sus informes estarán copados por comentarios de analistas con una mirada tremendamente positiva. Los inversores particulares son, a menudo, operadores ingenuos que toman estas predicciones como válidas, exacerbando la tendencia hacia inversiones procíclicas.

Por supuesto, no todos los inversores particulares que compran acciones por su cuenta son tan ingenuos como para seguir los consejos de los medios o de sus conocidos. Algunos investigan con cuidado cualquier empresa cuyas acciones estén planeando comprar. Existe la creencia popular de que las empresas llamadas *blue chips*, o de primera línea, son una apuesta segura. Por eso, muchos inversores particulares optan por comprar acciones de grandes compañías, en línea con su prestigio y su sólido historial de cosechar buenos resultados en los indicadores clave de desempeño, o KPI.

Sin embargo, este enfoque tampoco es recomendable. Todo inversor real o potencial está al tanto del rendimiento de cualquier empresa grande y conocida a nivel mundial. Esto significa que las expectativas positivas ya están reflejadas en el precio actual de las acciones, lo que hace poco probable que puedas batir al mercado y lograr un rendimiento adicional con este tipo de estrategia. La rentabilidad futura de las acciones de una compañía en particular no depende necesariamente de la calidad de la empresa: lo que debes analizar es si el precio actual de las acciones refleja el valor de la empresa o si, por el contrario, es demasiado barato o caro.

Esto no significa que comprar acciones individuales sea siempre una mala idea. Yo mismo he elegido acciones ocasionalmente, pero siempre con un horizonte de inversión de varios años y solamente cuando estuve plenamente convencido de que el precio actual de los títulos no reflejaba el verdadero valor, probablemente debido a sentimientos negativos del mercado que se fueron corrigiendo con el tiempo.

En mi opinión, un particular no tiene oportunidad de lograr resultados aceptables operando contra los profesionales —especialmente si se trata de operaciones a corto plazo—. Puede haber casos excepcionales en los que seleccionar acciones individuales como parte de una estrategia de inversión a largo plazo tenga sentido; sin embargo, recomendaría no dedicar a esta cuestión más del 5 o el 10 % del dinero que has reservado para invertir en bolsa.

Los fondos de inversión ofrecen una alternativa a la compra de acciones individuales. Hay dos categorías disponibles. Por un lado, tienes los fondos gestionados activamente, que están controlados por un gestor que elige las acciones incluidas en su vehículo con el objetivo de superar al mercado. Por otro, están los ETF, fondos pasivos que siguen y replican un índice bursátil específico, como, por ejemplo, el índice Dow Jones, el S&P 500 o el DAX alemán. Por definición, los ETF nunca superarán ni empeorarán el rendimiento del mercado, sino que replicarán su rentabilidad.

La lógica nos dice que el rendimiento agregado de todos los fondos gestionados activamente siempre será peor que el del mercado en su conjunto. Las diferencias de rentabilidad entre fondos se equilibran al considerar el número total de todos los fondos, es decir, el mercado en su conjunto. Sin embargo, esto no es del todo cierto, porque también tenemos que descontar las comisiones si queremos saber cuál es el resultado neto que arrojan estas opciones de inversión. De hecho, las comisiones son significativamente más altas para los fondos gestionados activamente que para los fondos pasivos que replican un índice bursátil. Esto es así porque los gestores de fondos son remunerados por el esfuerzo que ponen a la hora de seleccionar las acciones.

Hay una gran cantidad de estudios que demuestran que la mayoría de los fondos gestionados activamente tienen una rentabilidad inferior al índice con el que se les compara para medir su desempeño relativo. En su brillante tesis de doctorado Derivación e implementación de una solución de inversión pasiva para inversores privados en Alemania, publicada en 2012, Gerd Kommer recoge numerosos trabajos, todos los cuales coinciden en que, «teniendo en cuenta los costes y riesgos, el fondo de inversión promedio tiene un rendimiento inferior a su índice de referencia durante el período total observado. En otras palabras, el fondo no logra vencer a su índice de referencia (no consigue "batir al mercado"), aunque ése es el objetivo que debe perseguir un fondo gestionado activamente por definición».[197]

Los defensores de los fondos gestionados activamente argumentan que invertir en fondos indexados puede tener sentido en tiempos en que «todo va bien», pero añaden que, en caso de un colapso del mercado de valores, las inversiones pasivas están completamente expuestas a las tendencias negativas de la bolsa, mientras que el gestor de un fondo gestionado activamente puede proteger mejor a sus inversores (por ejemplo, aumentando la proporción de efectivo disponible). Aunque esto suena sensato en teoría, no hay evidencia empírica de que sea cierto en la práctica.

Tomemos el enorme colapso de 2008-2009, cuando el índice S&P 500, que combina las 500 principales acciones de la bolsa estadounidense, se dejó el 51 % de su valor en muy poco tiempo. ¡Sin duda, aquélla fue una oportunidad perfecta para que los fondos gestionados activamente demostraran su mejor desempeño en tiempos desafiantes! Incluso una pérdida media de un 30 o 40 % habría sido un éxito en comparación con lo que ocurrió en el conjunto del mercado. De hecho, de acuerdo con las políticas de remuneración de muchos de estos fondos, sus gestores ha-

197. Kommer, p. 21.

brían percibido generosas recompensas por vencer al mercado, aun estando en pérdidas. Pues bien, los datos revelan que el 89,9 % de los fondos gestionados activamente tuvieron un rendimiento peor que el índice de referencia durante ese período.[198]

Hay estudios similares que se centran en otros períodos de crisis y caídas generalizadas del mercado de valores. Entre los años 2000 y 2002, por ejemplo, la bolsa estadounidense sufrió su peor trienio desde 1941. Sin embargo, incluso en esos tres ejercicios, y dependiendo de la categoría de fondos, entre la mitad y más de las tres cuartas partes de todos los vehículos financieros gestionados activamente tuvieron un rendimiento peor que su índice de referencia.[199]

Al revisar estos estudios, no debería sorprendernos mucho que la mayoría de los gestores de fondos gestionados activamente no inviertan el grueso de su dinero en sus propios fondos. Según un estudio publicado por la agencia de calificación Morningstar en 2009, 2.216 de los 4.300 gestores de fondos encuestados reconocieron que no habían invertido ni un solo céntimo en los fondos que ellos mismos gestionaban. De igual modo, 159 gerentes invirtieron una cantidad de entre 1 y 10.000 dólares, y 393 inyectaron de 10.001 a 50.000 dólares, es decir, cantidades casi insignificantes para gestores de fondos que ganan millones cada año. Sólo 610 de los 4.300 gestores de fondos gestionados activamente (un escaso 15 % del total) dedicaron más de medio millón de dólares a invertir en sus propios fondos.[200]

Dicho con otras palabras, los gestores demuestran que tienen una confianza limitada en sus propios fondos, por decirlo de forma diplomática. Sin embargo, hay un fuerte e insistente *lobby* de la industria financiera que sigue divulgando mensajes a favor de estos vehículos porque los bancos ganan mucho más vendiéndolos que comercializando fondos ETF pasivos.

Los defensores de los fondos gestionados activamente argu-

198. Del estudio «S&P indexes versus active funds scorecard», de SPIVA, citado en Robbins, *Dinero, domina el juego.*

199. Kommer, p. 126.

200. Robbins, *Dinero, domina el juego.*

mentan que no es tan importante si la mayoría de ellos se desempeña mejor o peor que el mercado, puesto que lo único verdaderamente relevante sería encontrar el fondo correcto en el que depositar nuestro dinero. Sin embargo, todos los demás (es decir, los fondos «incorrectos») también encuentran compradores que hubieran estado mejor comprando fondos pasivos. Al final del día, si el rendimiento futuro fuera fácil de predecir, todo lo que haríamos sería asegurarnos de invertir en un fondo que sabemos que superará al mercado en el futuro, de modo que la rentabilidad de la mayoría de los fondos no sería algo relevante.

Sin embargo, el problema arranca desde el comienzo del proceso, cuando un inversor se enfrenta al reto de identificar qué fondos son «mejores» que el mercado. De nuevo, numerosos medios financieros salen «al rescate», por ejemplo, al publicar tablas de cuáles son los fondos con mejores rentabilidades. Estos rankings repasan diferentes categorías de inversión, como, por ejemplo, los mejores fondos dedicados a invertir en acciones alemanas, japonesas o estadounidenses, los mejores fondos especializados en invertir en empresas grandes o pequeñas, etcétera. ¿Son útiles estos listados?

Lo cierto es que solamente serían de utilidad si el rendimiento pasado fuera un predictor fiable de las tendencias futuras de estos productos de inversión. Todo sistema de clasificación basado en la rentabilidad pasada de los fondos analizados descansa sobre esta premisa, que es notoriamente falsa. De hecho, numerosos estudios demuestran que la rentabilidad pasada de los fondos no nos dice gran cosa cuando se trata de predecir tendencias futuras. Una de esas investigaciones analizó el desarrollo de distintos fondos que se ubicaron en el 25 % de mejor desempeño en un año dado. Pues bien, solamente el 1,85 % de esos vehículos se ubicó consistentemente en ese 25 % de mejores resultados durante los tres años siguientes, mientras que ninguno de ellos se mantuvo en el 25 % superior durante los cinco años posteriores al inicio de la investigación.[201] Los fondos con peor rendimiento fueron los únicos que mostraron cierta consistencia en

201. Kommer, p. 25.

sus malos resultados, sobre todo debido a sus altos costes en concepto de comisiones que arruinan sistemáticamente su rendimiento.[202]

Además de las clasificaciones de fondos, también hay calificaciones (*ratings*) de fondos. La diferencia radica en que las clasificaciones se basan únicamente en la rentabilidad pasada, mientras que las calificaciones combinan dicho factor con ciertas predicciones sobre tendencias futuras. Hay diferentes agencias que proporcionan estas calificaciones. Algunas de ellas ofrecen resultados bastante similares a las clasificaciones, porque se basan en gran medida en el desempeño de la rentabilidad en el pasado y algún que otro factor adicional, como la volatilidad. Otras calificaciones destacan el historial del gestor del fondo, al observar la rentabilidad pasada de los fondos gestionados por el mismo responsable, exhibiendo los resultados en comparación con los de sus competidores.

Las calificaciones tienen como objetivo predecir qué fondos tienen más o menos probabilidad de exhibir mejor o peor desempeño que el resto en el futuro. Las agencias utilizan lo que llaman «pruebas retrospectivas» para verificar la precisión de sus predicciones pasadas, es decir, para determinar si los fondos que habían recibido una calificación equivalente a un potencial superior al promedio realmente batieron a aquellos que se consideraban menos propensos a tener buen rendimiento.

Los fondos pasivos (indexados) ofrecen una alternativa a los fondos gestionados activamente. Cada uno de ellos replica un índice específico, por ejemplo, el Dow Jones. En los últimos años, este enfoque se ha vuelto muy popular, sobre todo con inversores institucionales, aunque no tanto con inversores particulares. Para los defensores de estos fondos, el argumento clave que los convierte en una opción preferente es el siguiente: si la mayoría de los fondos gestionados activamente no pueden batir al índice de todos modos, y si es difícil o incluso imposible determinar qué fondos superarán al mercado en el futuro, lo mejor que puedes hacer es invertir en un fondo de ETF pasivo, sobre todo porque

202. Kommer, p. 30.

las comisiones de estos vehículos son significativamente más bajas que las de los fondos gestionados activamente.

El de las comisiones es un argumento a favor de los fondos pasivos. Sin embargo, hay diferencias entre los distintos ETF. Todos tienen el mismo objetivo (es decir, replicar el índice lo más fielmente posible), pero utilizan diferentes métodos para llegar a esa meta. La principal diferencia está entre los fondos que utilizan una «replicación física» y los que replican sintéticamente el índice mediante *swaps*.

En términos simples, los fondos de «replicación física» compran una combinación de valores que se corresponde con el índice mismo que tratan de seguir. Un ETF del DAX 30, por ejemplo, comprará las acciones de las 30 compañías incluidas en el DAX —y lo hará en proporción a su ponderación individual—. En el caso de índices muy grandes, como el MSCI World, el ETF compra una muestra de acciones que sigue las tendencias de precios lo más cercanamente posible, en lugar de comprar todas las acciones que constituyen el índice.

En el caso de los *swaps* no financiados, el fondo adquiere una cesta de valores que a menudo no están relacionados con los componentes del índice. Hace falta un contrato entre el fondo y un banco para asegurar que el rendimiento de la cesta se intercambia por el rendimiento de los activos que el diseño del ETF tiene como objetivo rastrear. Esto es lo que garantiza que los inversores del fondo se beneficien de la rentabilidad que cosecha el índice.

Después de la reciente crisis bancaria, los inversores se han vuelto cada vez más cautelosos con el riesgo de contraparte asociado con este tipo de ETF. ¿Qué sucede si el socio del contrato, es decir, el banco, incumple su parte? En el caso de los *swaps* no financiados, el banco debe depositar valores líquidos con un custodio neutral para estar asegurado contra este riesgo. Si el banco luego incumple con sus obligaciones de pago derivadas del contrato de intercambio, el gestor del fondo del ETF o el agente de custodia tiene el derecho de liquidar estos valores.[203]

203. Hecher, p. 35.

A pesar del seguro con el que se intenta cubrir el proceso, lo cierto es que todas las variantes de «replicación sintética» conllevan un riesgo residual. Después de todo, los valores depositados por el banco también están sujetos a fluctuaciones. Así, en el peor escenario posible, la liquidación de los valores depositados como seguro por el banco podría no cubrir completamente las obligaciones de pago incumplidas, circunstancia que, por ejemplo, podría ocurrir en caso de un colapso del mercado de valores.[204]

Si esto suena demasiado complicado para ti, quédate con que es más probable que prefieras comprar ETF de «replicación física», es decir, aquellos que compran las acciones cotizadas en el índice que el fondo está replicando. Así, la siguiente pregunta clave con la que te enfrentarás es la de elegir qué ETF debes comprar, ya que hay miles de ellos que replican prácticamente todos los índices del mundo.

Ésta es una elección aparentemente difícil. ¿Deberías invertir en un ETF que replique un índice bursátil de tu propio país? ¿Por qué harías algo así? ¿Solamente porque vives allí? Ésa no sería una buena razón, como ya ha demostrado nuestra exposición del llamado «sesgo nacional». Entonces, ¿qué tal invertir en un ETF que replique los índices de los mercados asiáticos, o quizá de los «mercados emergentes» de forma más general? Tendría sentido si supones que estos mercados probablemente se desempeñarán mejor en el futuro que el promedio global. Pero ¿cómo puedes estar seguro de eso?

Los inversores cometen frecuentemente dos errores a la hora de tomar este tipo de decisiones. Ya he expuesto el primero, a saber: depender de argumentos cualitativos (crecimiento más rápido, perspectivas demográficas más favorables, etcétera), olvidando que estas cifras son de conocimiento común y ya están reflejadas en los precios de las acciones. Entonces, ¿puede el crecimiento económico en un país dado servir como indicador de tendencias positivas futuras en el mercado de valores? Los estudios han demostrado que prácticamente no hay correlación entre

204. Ibídem, p. 6.

el crecimiento del PIB y la rentabilidad del mercado de valores. En algunos casos, el crecimiento del PIB incluso ha demostrado tener efectos negativos en las rentabilidades del mercado de valores. Esto es así tanto en el caso de los países industrializados desarrollados como en el supuesto de los mercados emergentes.[205]

Si todo esto te lleva a la conclusión de que es difícil, si no imposible, que el inversor particular promedio aprenda a seleccionar las mejores acciones o los mejores fondos gestionados, y si también has entendido que las tendencias futuras del mercado de valores son difíciles de predecir, entonces te habrás convertido en un «inversor agnóstico», como a mí me gusta definir a quienes están en esta situación.

En su sentido literal, el agnosticismo es una perspectiva que enfatiza las limitaciones del conocimiento humano. El filósofo griego Protágoras (*c.* 490 a. C.-*c.* 420 a. C.) señaló lo siguiente: «Con respecto a los dioses, no tengo medios para saber si existen o no, ni de qué tipo pueden ser, debido a la oscuridad del tema y a la brevedad de la vida humana».

Más allá de su marco teológico original, el concepto del agnosticismo también se ha utilizado en un sentido más amplio para describir una perspectiva epistemológica. Éste es el contexto al que me estoy refiriendo. Sin embargo, no soy partidario de lo que se llama la «teoría eficiente del mercado de capitales», que sostiene que los mercados operan tan eficientemente que los precios de las acciones reflejan toda la información relevante, en cualquier momento. Según esta teoría, es imposible batir sistemáticamente al mercado durante un período prolongado, salvo si tienes una extraordinaria suerte. Para los defensores de esta teoría, un caso como el de Warren Buffett, que ha batido con éxito al mercado durante décadas, sería algo tan anómalo como el de una persona que gane veinte veces la lotería. Yo no pienso así.

Por otro lado, sí es cierto que, por cada Warren Buffett, hay millones de inversores particulares que nunca lograrán vencer al mercado, ya sea comprando acciones individuales o invirtiendo en fondos. El propio Buffett ha dicho repetidamente que el in-

205. Kommer, p. 83.

versor particular promedio haría mejor invirtiendo en ETF pasivos. En 2013, su carta anual a los accionistas incluía el siguiente consejo: «El objetivo del inversor no profesional no debería ser elegir acciones "ganadoras", porque ni él ni sus "ayudantes" pueden lograrlo. Más bien, su reto debería ser poseer acciones de una muestra de negocios que, en conjunto, estén destinados a funcionar bien. Un fondo indexado al S&P 500 y de bajo coste logrará este objetivo».[206]

La superioridad de los fondos indexados quedó clara en una apuesta que Warren Buffett hizo con un desconocido financiero llamado Ted Seides en 2007, justo antes de la embestida de la crisis financiera global.[207] Seides trabajaba como consultor de inversiones en una *boutique* de inversión denominada Protégé Partners, con sede en Nueva York. La apuesta planteaba que un experto como Seides sabría seleccionar un grupo de *hedge funds* lo suficientemente bueno como para superar los resultados de un simple fondo indexado pasivo y diversificado, durante un período de diez años. Buffett apostó a que esto no sucedería.

Para asegurarse de que los efectos únicos derivados de un año aislado no distorsionaran el resultado, Buffett y Seides acordaron que la apuesta cubriría un período prolongado, en este caso, los diez años que iban desde el 1 de enero de 2008 hasta el 31 de diciembre de 2017. Ambos pactaron que el perdedor pagaría al ganador un total de un millón de dólares, y que el ganador donaría su dinero del premio a una organización benéfica de su elección.

Buffett seleccionó el Fondo Índice Vanguard 500, que replica el rendimiento del S&P 500, siguiendo el desempeño de las mayores empresas cotizadas en Estados Unidos. Por su parte, Seides eligió cinco fondos que, a su vez, invertían en fondos de cobertura (*hedge funds*). El promedio básico de estos cinco fon-

206. Carta anual de Buffett a los accionistas de Berkshire Hathaway de 2013, citada en Robbins, p. 92.

207. Para más información, véase: <https://www.gerd-kommer-invest.de/warren-buffetts-hedge-fonds-wette/>.

dos fue decisivo para la apuesta, de acuerdo con las condiciones de su apuesta.

La apuesta estaba diseñada para asegurar tres aspectos: a) que no refleje rentabilidades correspondientes a períodos potencialmente no representativos y de corto plazo; b) que la rentabilidad de un único *hedge fund* atípico no sea decisiva, y c) que tampoco lo sea el «mero promedio» de un índice amplio de fondos de cobertura que cubriera aproximadamente los 10.000 *hedge funds* que operan en todo el mundo. En cambio, para cumplir los fines de la apuesta, el mercado de *hedge funds* quedó representado por un número limitado de los mejores vehículos de estas características seleccionados por un profesional del ramo. En palabras de Warren Buffett, «este grupo era una tripulación de élite, cargada de cerebros, adrenalina y confianza».

En última instancia, la situación de partida era comparable a la de muchos inversores institucionales y *hedge funds* que consideran que van a invertir en «lo mejor de lo mejor». Para ello, estudian qué fondos de cobertura han tenido un mejor desempeño en el pasado y utilizan estos datos históricos como criterio de referencia para su selección principal, aunque no saben cuál será su comportamiento en el futuro. Ante esta incertidumbre, los inversores no suelen poner todos sus huevos en la misma cesta, sino que tienden a invertir en varios vehículos al mismo tiempo.

Mirando hacia atrás con el beneficio que nos da el paso del tiempo, encontramos que el período de diez años cubierto por la apuesta fue, de hecho, una verdadera montaña rusa cuya intensidad difícilmente se verá repetida en décadas futuras. En los diez años que van desde el 1 de enero de 2008 hasta el 31 de diciembre de 2017 ocurrieron eventos significativos: la crisis económica y financiera global más severa de los últimos ochenta años; la crisis de la eurozona que estalló en 2008 y llevó a niveles récord de deuda pública y privada en buena parte de Europa; el ya olvidado «*flash crash*» de 2010; la dramática caída de los precios del petróleo a partir de 2015; la entrada de la rentabilidad de la deuda pública en terreno negativo a partir de 2016; una crisis de refugiados que Europa sigue sin terminar de resolver; la intensificación adicional del fundamentalismo islámico; el referéndum del Brexit en el Reino Unido en 2016; la elección de Donald Trump como presidente de Estados Unidos en 2016; la guerra en Siria y otros conflictos en Oriente Próximo; y la creciente tensión proveniente de Corea del Norte... Éstos son solamente algunos de los eventos más importantes acaecidos durante el tiempo de la apuesta Buffett-Seides. Naturalmente, estos hechos vinieron acompañados de subidas y bajadas que, por momentos, parecieron dramáticas, especialmente en el caso del desplome del 57 % observado en términos reales en febrero de 2009, hito que vino seguido por un impresionante repunte de precios del 78 %, en términos reales, a lo largo de los veinticuatro meses posteriores (según datos en euros).

Entonces, hay una cosa que está clara: la década elegida para la apuesta no fue un período de tiempo tranquilo. Hubo amplias oportunidades para que los autoproclamados «reyes de Wall Street» superaran el desempeño de un fondo indexado al S&P 500 y cuya estrategia se debe simplemente a comprar y aguantar las mismas acciones. Si estos magos de las finanzas no tienen éxito en una década tan turbulenta, ¿cuándo lo van a tener?

Pues bien, los resultados de la apuesta fueron los siguientes:

- Ninguno de los *hedge funds* pudo superar al fondo que replica al S&P 500 durante el período de diez años elegido. (El promedio de los cinco fondos de fondos sería el que determinaría quién era el ganador de la apuesta, pero, incluso ignorando esto y evaluando el desempeño individual de los cinco fondos de fondos, lo cierto es que ninguno batió al S&P 500.)
- El mejor de los cinco fondos de fondos se quedó por debajo del S&P 500 en un 17 %; el peor, por un sorprendente 54 %.
- Por cada dólar invertido inicialmente en el fondo indexado se obtuvieron 2,26 dólares al final de la década. En cambio, el retorno de los *hedge funds* fue poco menos de la mitad, con 1,38 dólares de ganancia por cada dólar invertido.

Sin embargo, la apuesta Buffett-Seides no es la única forma de comprobar el bajo rendimiento relativo de los *hedge funds* a lo largo de los últimos años. Todo el sector global de fondos de cobertura (cuyo desempeño queda medido por el índice HFRX) ha tenido unos resultados inferiores al mercado de valores mundial (recogido en el índice MSCI-ACWI) en 14 de los últimos 15 años analizados desde 2003 en adelante.

La apuesta Buffett-Seides también nos proporciona otra idea relevante. Los costes incidentales (es decir, las comisiones) de cualquier inversión juegan un papel clave a la hora de determinar su éxito a largo plazo. Estas comisiones fueron probablemente veinte veces mayores en el caso de los *hedge funds* que en el del índice Vanguard ligado al S&P 500. Las comisiones habituales para los *hedge funds* incluyen una comisión de gestión del 2 % y una comisión adicional basada en el rendimiento alcanzado. A largo plazo, este último punto agrega aproximadamente otro punto porcentual a las cargas del fondo, siempre que el vehículo logre un resultado medio o alto (por supuesto, no fue el caso de los fondos de fondos de cobertura seleccionados por Seides...).

Así pues, los gestores de fondos de cobertura de élite no pueden superar el mercado en diez años. Por tanto, si verdaderamente crees que podrás hacerlo mejor con un poco de ayuda de tu asesor financiero, no puedo hacer otra cosa que desearte la mejor de las suertes. Yo no tengo la ilusión de que pueda lograrlo por mí mismo, a pesar de que he estudiado índices de acciones durante más de veinte años.

En cambio, si compartes mi creencia de que no tiene sentido invertir tiempo y energía cuando hay pocas posibilidades de ganar en este juego, y si también estás de acuerdo conmigo en que es difícil predecir qué índices de acciones de países rendirán mejor o peor en el futuro que un índice que simplemente replica el mercado mundial, entonces la conclusión lógica que alcanzarás apunta a invertir en un fondo de inversión pasiva (es decir, por ejemplo, en un ETF) ligado a un índice mundial de acciones. Por eso decidí hace muchos años centrar mis inversiones en un ETF que replica el desempeño del índice MSCI ACWI World.

Esta estrategia se basa en la convicción de que comprar acciones de empresas como activos materiales es una buena inversión cuando se formula a largo plazo, y también se apoya en la certeza de que, a nivel mundial, las acciones cosecharán buenos resultados a largo plazo. Por supuesto, sostener esta creencia implica asumir que no eres totalmente agnóstico, al fin y al cabo.

Eso sí: aún quedan dos preguntas esenciales por responder... ¿Cuál es el mejor momento para invertir en un ETF? ¿Y por cuánto tiempo debes comprometer tu dinero en dicho vehículo? Empezaré por la segunda pregunta: recuerda que invertir en acciones sin ser un profesional de las finanzas sólo tiene sentido si estás dispuesto a adquirir un compromiso de largo plazo —y con largo plazo me refiero a décadas de espera—. Desafortunadamente, la mayoría de las personas no pueden pensar de forma tan comprometida en el futuro, y ésta es una de las razones por las que sus inversiones fracasan.

No obstante, también es cierto que ha habido períodos históricos en los que las acciones no exhibieron un buen rendimiento incluso si consideramos el paso del tiempo. Aunque estos períodos han sido raros, no hay garantía de que las acciones serán «siempre» una buena inversión cuando se compren pensando en una venta a largo plazo. Por eso insisto en que soy escéptico cuando alguien me recomienda invertir principalmente en acciones.

Si tienes la mala suerte de entrar en el mercado de valores cuando los precios están en su punto más alto (es decir, justo antes de una caída prolongada del mercado de valores), entonces tienes un gran problema. Los principiantes que invirtieron en el índice S&P en 1929 perdieron el 80 % de sus activos hasta junio de 1932 y, además, tuvieron que esperar hasta ¡finales de 1958! para ver cómo el índice (ajustado a la inflación) volvía a su valor de 1929. Aquellos que invirtieron por primera vez en 1966 perdieron el 56 % hasta 1974 y tuvieron que esperar hasta mayo de 1992 para que el índice (ajustado a la inflación) recuperase su valor de 1966.[208] Aún peor les fue a aquellos que invirtieron por primera vez en acciones japonesas a finales de la década de los ochenta, cuando el índice Nikkei estaba en un máximo histórico

208. Shiller, *Exuberancia irracional.*

de casi 40.000 puntos, un nivel que nunca ha vuelto a alcanzar desde entonces (a finales de enero de 2015, el índice se situaba en 17.500 puntos y, a comienzos de 2024, rondaba los 36.000).

Afortunadamente, pocas personas invierten todo su dinero en acciones cuando la bolsa está en su punto máximo. Por supuesto, sería mejor invertir todo nuestro dinero en el punto más bajo, pero pocos inversores lograrán hacer esto, entre otras razones porque solamente podemos identificar el punto más bajo *a posteriori*. Cuando se alcanza ese momento, nadie sabe que los precios no van a caer aún más; además, es poco probable que tengas acceso al capital completo que has reservado para invertir en el momento exacto en que el mercado de valores toca fondo. Además, la mayoría de los inversores tendrían serias dificultades mentales para invertir todo su dinero en un contexto de mercado tan deprimido.

Por todas estas razones, he decidido comprar acciones en un ETF ligado al índice MSCI World. Lo hago de forma regular cada mes, independientemente de las fluctuaciones de la bolsa. Como expliqué en el capítulo anterior, la mayoría de los inversores tienden a comprar participaciones de fondos de inversión cuando los precios de las acciones son más bien altos. Ésta es la razón por la que la mayoría de los inversores obtienen rentabilidades significativamente más bajas que el ROI (rentabilidad de la inversión), dato citado como referencia en los documentos de los fondos. Si nos fijamos en el período comprendido entre 1991 y 2004, encontramos que el ROI promedio del mercado estadounidense fue del 12,2 % anual. Sin embargo, distintos investigadores han demostrado que 7.125 fondos cosecharon una rentabilidad media del 7,7 % (principalmente debido a sus elevadas comisiones, que son un factor significativo a la hora de invertir a largo plazo), mientras que el rendimiento promedio alcanzado por los inversores particulares fue aún menor, del 6,1 %.[209] La diferencia entre la rentabilidad promedio alcanzada por los fondos y por los inversores particulares se debió simplemente al hecho de que los segundos compraron o vendieron sus acciones en el momento equivocado.

209. Kommer, p. 43.

Por eso te recomendaría que sigas la «estrategia de Ulises». Según cuenta la leyenda, tras su regreso del País de los Muertos, el rey de Ítaca navegó por la Isla de las Sirenas, cuyo canto seductor atrajo a los desventurados marineros hacia los acantilados donde finalmente perecieron. Ulises pidió a sus hombres que lo ataran al mástil de su barco para poder escuchar el canto de las sirenas sin sucumbir a sus letales hechizos. De hecho, selló los oídos de sus hombres con cera para asegurarse de que lo guiarían más allá de la isla de forma segura. Para los inversores, el peligro está en los momentos de euforia (cuando hay que abstenerse de invertir pese al optimismo generalizado) así como en tiempos de pánico (cuando hay que evitar vender las acciones, pese al pánico que golpea al mercado).

Puedes, por así decirlo, «atarte al mástil» a base de comprometerte a seguir un estricto plan de ahorro e invertir la misma cantidad de dinero mes a mes, independientemente de la subida o bajada de los precios de las acciones.

Como puedes ver, la sabiduría que podemos extraer de los antiguos filósofos y poetas resulta de interés para nuestras estrategias de inversión. Al basar tu estrategia de inversión en los hallazgos de las investigaciones que he resumido en este capítulo, al seguir a los agnósticos reconociendo los límites de tu conocimiento y al emular a Ulises y atarte metafóricamente al mástil para resistir los peligros del mercado, podrás aumentar significativamente tus posibilidades de hacer crecer tu riqueza invirtiendo en bolsa.

Vale la pena repetir, en cualquier caso, que el inversor particular promedio no construye una fortuna comprando acciones. Los bienes inmuebles son, de hecho, una apuesta mejor, por varias razones. La primera es que el mercado de edificios residenciales, por poner un ejemplo, es mucho menos transparente que el mercado de valores internacional. Así pues, lo que se necesita es un poco de sentido común para identificar las grandes oportunidades de inversión que puedes encontrar en dicho campo.

Otra razón muy importante para invertir en este tipo de mercados es que te permiten aumentar tus rentabilidades a base de pedir capital prestado para comprar los activos en cuestión, como de hecho hace la mayoría de los inversores. Aunque puedes hacer lo mismo para comprar acciones, los riesgos de endeudarte para adquirir títulos de compañías cotizadas son ciertamente mayores, como explico en los dos siguientes párrafos.

De entrada, aunque los bancos sí otorgan préstamos para la compra de acciones, solamente están dispuestos a hacerlo con una ratio préstamo-valor del 50 %, en comparación con el 80 % o más que se concede cuando se acometen compras de bienes inmuebles. Esto muestra que los bancos consideran que el riesgo de asumir inversiones apalancadas en bolsa es mayor que el riesgo asociado a la inversión en el «ladrillo». En consecuencia, los tipos de interés aplicados a los préstamos para comprar acciones son significativamente más altos que los de los préstamos con los que se adquieren bienes inmuebles.

Además, en caso de un colapso del mercado de valores, el banco venderá tus acciones incluso en contra de tu voluntad si no proporcionas garantías adicionales que aseguren el préstamo. Por eso es mejor evitar endeudarse para invertir en bolsa, porque el riesgo es demasiado alto. Los bienes inmuebles, en cambio, son diferentes, lo que significa que solamente necesitas un capital limitado para hacer inversiones sustanciales.

13

Hacer una fortuna en el mercado inmobiliario

En abril de 2013, cuando la crisis en la eurozona estaba en pleno apogeo, un estudio publicado por el Banco Central Europeo (BCE) reveló algunos hechos sorprendentes, al afirmar que la riqueza promedio de los hogares era mayor en Italia, España, Malta o Chipre que en Alemania. Esto cogió a muchos por sorpresa, pero los resultados presentados, basados en una macroencuesta realizada en 62.000 hogares, fueron verdaderamente concluyentes e inequívocos.[210]

La riqueza mediana por hogar era entonces de aproximadamente 51.400 euros en Alemania, 163.900 en Italia y 178.300 en España. Según el estudio del BCE, esto se debe principalmente a las diferencias en la estructura de propiedad de activos inmobiliarios residenciales. Mientras que solamente el 47,7 % de los alemanes son dueños de una vivienda, este porcentaje es del 68,4 % entre los italianos y del 82,7 % entre los españoles. El estudio identificó la necesidad de pagar una hipoteca sobre una casa o un apartamento como un «incentivo importante para acumular riqueza». Así, los propietarios de inmuebles demostraron niveles de riqueza significativamente mayores que los encuestados que vivían en alquiler.

210. Deutsche Bundesbank, *Panel of household finances*, 21 de marzo de 2013, presentación, p. 18.

Otro estudio llegó a resultados similares. Se trata de la Encuesta de Salud, Envejecimiento y Jubilación, que recopiló datos de 22.271 personas mayores de cincuenta años en toda Europa. Este informe muestra que, en España e Italia, la propiedad residencial representa el 76 y el 70 %, respectivamente, de la riqueza de los ciudadanos mayores de cincuenta años.[211] Esto no es sorprendente, dado que España e Italia son los dos países europeos con mayores ratios de propiedad de vivienda.

Sin embargo, España e Italia también ostentan las ratios de riqueza/renta más altas. Este indicador compara la riqueza media con el ingreso medio. En este estudio, dedicado a personas de más de 50 años, la ratio riqueza/renta alcanza un promedio mediano de 22/1. Sin embargo, en Alemania y Suecia se dan niveles más bajos, puesto que los indicadores de riqueza (y de vivienda en propiedad) son menores y, en cambio, los niveles de renta son mayores. Ello significa que alemanes y suecos poseen significativamente menos riqueza en proporción a sus ingresos que los españoles e italianos. El estudio también mostró una correlación entre la desigualdad de riqueza y las tasas de propiedad de vivienda, siendo la primera más baja en países donde la segunda era más alta.

Si realizamos una comparación entre la riqueza de propietarios y arrendatarios, podemos comprobar lo que ya se intuye comparando países con niveles altos y bajos de propiedad de vivienda. Poseer una vivienda es un factor importante para acumular riqueza. Según cifras publicadas por el Banco Federal Alemán, la riqueza neta mediana de los propietarios alemanes que no tienen cargas hipotecarias asciende a 255.620 euros. Este indicador es de 160.200 euros entre los propietarios que sí están pagando una hipoteca y cae a 10.290 euros en el caso de los inquilinos. La riqueza promedio de los propietarios sin cargas hipotecarias es de 457.820 euros, en comparación con los 270.130 euros de los propietarios que están pagando una hipoteca y los 47.750 de quienes viven de alquiler.[212]

211. Skopek, pp. 66-68.

212. Deutsche Bundesbank, «Private Haushalte und ihre Finanzen»; véanse las tablas incluidas en la nota de prensa enviada el 21 de marzo de 2013 (tabla 1, A1).

Puede objetarse que esta discrepancia se debe a que los que más ganan y poseen más activos disponibles son más propensos a comprar bienes inmuebles (es decir, que la propiedad de bienes inmuebles es el efecto, más que la causa, de una mayor riqueza). Sin embargo, una investigación del Instituto Empirica encontró que la conexión causal es más compleja de lo que podría parecer.[213] Así, los investigadores compararon a personas con ingresos netos similares y establecieron que hay una diferencia significativa en la riqueza de los propietarios y la de aquellos que arriendan su vivienda.

La razón principal de esta discrepancia es la diferencia en el comportamiento ahorrador. Aparte del dinero destinado a pagar hipotecas, ambos grupos (propietarios y arrendatarios) invierten más o menos lo mismo en la contratación de seguros de vida, vehículos de ahorro y otras formas de inversión de capital. La idea de que los propietarios que están pagando una hipoteca ahorran menos que los inquilinos en otras formas de inversión de capital porque supuestamente necesitan el dinero para terminar de comprar su vivienda es, por tanto, incorrecta.

En cambio, el estudio muestra que los propietarios invierten en otros esquemas de ahorro además de pagar sus hipotecas. Con el paso de los años, serán dueños de una propiedad residencial y ya no tendrán cargas financieras asociadas a su compra, lo que significa que podrán ahorrar aún más dinero a través de otras formas de inversión.

Esto también explica por qué los alemanes, supuestamente «ricos», poseen significativamente menos riqueza que las personas de España e Italia, que en teoría son más «pobres». La diferencia se debe, en gran medida, al hecho de que el porcentaje de propietarios es significativamente más alto en España e Italia que en Alemania. Poseer bienes inmuebles obliga a las personas a ser extremadamente disciplinadas en su comportamiento ahorrador. Ahí radica el «secreto» de por qué los propietarios acumulan más riqueza que los arrendatarios y por qué la riqueza promedio en países con tasas de propiedad más altas es signifi-

213. Zitelmann, *Vermögen*, pp. 37-39.

cativamente mayor que en aquellos lugares donde las tasas de propiedad son menores.

En su investigación de doctorado, Melanie Böwing-Schmalenbrock llevó a cabo 472 entrevistas con personas que tenían una riqueza media de 2,35 millones de euros. Böwing-Schmalenbrock descubrió, como era de esperar, que los ingresos obtenidos del trabajo son el factor más importante para acumular riqueza, por delante de las herencias. Sin embargo, aunque no se suele hablar de ello, el aspecto inmobiliario figura justo a continuación y solamente es un poco menos relevante en clave estadística que los ingresos del trabajo o las herencias. Por eso, un 48 % de los encuestados declaró que las propiedades inmobiliarias constituyeron un «aspecto importante» en el proceso de construcción de su riqueza, en comparación con sólo el 20 % que declaró lo mismo sobre las inversiones en bolsa.[214]

Uno de cada diez entrevistados afirmó incluso que los bienes inmuebles habían sido, de lejos, el aspecto más importante en el proceso de construcción de su riqueza, frente al 2,4 % de los participantes que dijo lo mismo sobre las ganancias en el mercado de valores. Dicho con otras palabras, el estudio muestra que el «ladrillo» es cuatro veces más relevante para la construcción de una gran fortuna que las inversiones en acciones y fondos.

Los bienes inmuebles también juegan un papel relevante en las dinámicas de riqueza heredada. El trabajo de Böwing-Schmalenbrock muestra que el 81 % de los hogares ricos que heredaron parte de su patrimonio recibieron activos monetarios, mientras que otro 68 % obtuvo bienes inmuebles, ya sea en forma de transmisión en herencia o como donación en vida. Eso sí: el valor medio de los bienes inmuebles heredados resultó ser de 300.000 euros, duplicando el valor medio de los activos monetarios heredados.

Esta disertación de doctorado también encuentra que los empresarios adinerados tienen una querencia especialmente marcada por la adquisición de bienes inmuebles. Más de la mitad de los encuestados que afirmaron que el espíritu empresarial

214. Böwing-Schmalenbrock, p. 174.

había sido el factor más importante en la construcción de su riqueza especificaron la propiedad de bienes inmobiliarios como otro factor relevante. De igual modo, y en sentido inverso, el 40 % de aquellos que especificaron la propiedad de bienes inmuebles como el aspecto más importante en la construcción de su riqueza mencionaron asimismo el espíritu empresarial como un factor relevante en su proceso de acumulación patrimonial.[215]

Por lo general, las personas acumulan riqueza trabajando como autónomos o iniciando sus propias empresas, pero después aumentan su riqueza invirtiendo en bienes inmuebles. Mi historia discurre por cauces similares. En 2004, después de haber dirigido mi propio negocio durante cuatro años, compré una propiedad multifamiliar con 24 apartamentos ubicada en Neukölln, que en ese momento era uno de los peores barrios de Berlín. La única persona que no se pronunció en contra de mi inversión fue el agente inmobiliario que me vendió el edificio. Once años después, revendí esa propiedad por un precio cuatro veces mayor. Sin embargo, cuando expliqué mis planes de compra a distintos conocidos, incluidos algunos expertos inmobiliarios, la respuesta de todos ellos había sido unánimemente negativa. «No lo hagas», decían unos y otros. De hecho, Deutsche Bank se negó a financiarme la operación porque consideraba que Neukölln era una ubicación demasiado arriesgada.

A la hora de escribir este capítulo he aprovechado para repasar viejos artículos de periódico. Hoy, el mercado inmobiliario de Berlín es uno de los más apetitosos de Europa, y resulta difícil imaginar que una inversión en Neukölln pueda parecer poco recomendable. Sin embargo, si nos remontamos, por ejemplo, al 20 de marzo de 2003, podemos encontrar una noticia del *Tagesspiegel* que informa sobre un «grupo de expertos sobre el futuro de Berlín» organizado por el Instituto Alemán de Investigación Económica (Deutsches Institut für Wirtschaftsforschung, DIW), en el que se llegó a la conclusión de que, en términos de crecimiento económico, Berlín estaba rezagado en relación con el resto de Alemania, que a su vez estaba en una posición cada

215. Ibídem, p. 178.

vez menos favorable en comparación con buena parte de Europa. El turismo estaba en declive y las ventas minoristas habían caído drásticamente. De igual modo, el 22 de agosto de 2003, el *Berliner Morgenpost* informaba de que la tasa de pisos vacíos en el mercado inmobiliario de Berlín había alcanzado su «récord histórico, con 160.000 apartamentos sin residentes». Los políticos locales discutían entonces si era el momento de demoler edificios residenciales del período de preguerra radicados en el centro de la ciudad. La conversación, por aquel entonces, giraba en torno a la supuesta necesidad de reducir el exceso de oferta.

El 10 de febrero de 2004, una publicación especializada en el mercado inmobiliario, *Immobilien Zeitung*, publicó un artículo bajo el titular «Presión en el mercado de viviendas de Berlín». Informaba de un total de 130.000 pisos vacíos y citaba un estudio de HypoVereinsbank según el cual los precios de las propiedades seguían cayendo por tal desajuste entre oferta y demanda. Los expertos del banco preveían una «caída de precios» continuada, especialmente en las ubicaciones residenciales más modestas. Los pisos se vendían entonces a precios que iban desde 1.000 hasta 5.000 euros por metro cuadrado, pero «prácticamente nadie» compraba su vivienda en edificios nuevos y tampoco tenían mucha salida los apartamentos de más de un dormitorio. En noviembre de 2004, Spiegel TV transmitió un reportaje alarmista sobre el barrio Neukölln, describiendo dicha zona de la capital alemana como «el asilo de los pobres de Berlín». Casi la cuarta parte de los más de 300.000 residentes del distrito estaban desempleados. En Neukölln, la proporción de personas que recibían ayudas sociales era mayor que en cualquier otro lugar de Europa. Llegado enero de 2004, el *Berliner Zeitung* advirtió lo siguiente: «Neukölln pronto se volverá ingobernable». El 9 de septiembre de 2004, un titular en *Die Welt* decía, en la misma línea, que «Neukölln es el epicentro de la pobreza», y añadía que «aquí, cobrar ayudas sociales es la norma».

¿Acaso no leía los periódicos? ¿Ignoré todos estos informes e investigaciones tan negativas sobre la situación en Berlín y, particularmente, en el barrio que me interesaba? Claro que no. Lo tuve en cuenta en todo momento. Sin embargo, estaba convencido de que los precios que entonces tenían las propiedades que estaba estudiando ya incorporaban estas estadísticas y reflejaban, por tanto, estas circunstancias negativas. Después de todo, el edificio que terminé comprando en Neukölln era extremadamente barato —y lo era precisamente porque nadie quería comprarlo—. Los precios de las propiedades se calculan aplicando un factor de multiplicación que toma como referencia el valor anual del alquiler neto de esa misma propiedad, descontando el pago de suministros. Por aquel entonces, este indicador alcanzaba los 151.000 euros y tomé la decisión de comprar el inmueble por 1.020.000 euros. Con el paso del tiempo, la operación resultó ser una ganga, porque cuando lo compré el factor de multiplicación fue inferior a 6,8, una rentabilidad bruta de partida de casi un 15 %.

Después de pagar la comisión de rigor al agente inmobiliario, tuve que abonar el impuesto de transmisiones patrimoniales y sufragar algunos costes básicos de mantenimiento. En conjunto, mi desembolso total fue de 1.215.000 euros. Por fortuna, tenía un banquero inteligente al otro lado de la ventanilla de la entidad financiera que finalmente me ofreció el crédito necesario para acometer la compra. Aquel banquero entendió que el inmueble era una ganga y que la inversión sería rentable con casi total seguridad. El banco me otorgó un préstamo de 1.164.000 euros para comprar el edificio y pagar el impuesto de transmisiones patrimoniales, así como otro crédito de 78.000 euros para mejorar el edificio. En suma, me brindaron 1.242.000 euros, 27.000 euros más de lo que terminé gastando, de modo que compré la propiedad sin gastar ninguno de mis propios capitales. Sin embargo, acordé un interés inicial muy alto, del 6 %. Eso fue en 2004... Y la cuestión es que, a finales de marzo de 2015, la deuda restante ascendía a apenas 224.000 euros.

Cuando los precios en el mercado inmobiliario berlinés aumentaron hasta alcanzar un nivel que me pareció excesivo e irracional, decidí vender la propiedad y obtuve un precio de 4,2 millones de euros. En los diez años anteriores, apenas revisé moderadamente las rentas que me pagaban los inquilinos que arrendaban vivienda en el edificio. Sin embargo, el factor multiplicador pasó de 6,8 cuando lo compré a 24 en el momento de la venta. Así, en poco más de diez años, gané 4 millones de euros con una inversión que, en la práctica, ascendió a cero. Por supuesto, fue una inversión inmobiliaria excepcionalmente exitosa que no es fácil de repetir, pero eso no significa que no sea un ejemplo instructivo.

Al igual que con cualquier otra inversión, es necesario visualizar el futuro a la hora de comprar bienes inmuebles. Sí, yo era consciente de los problemas que sufría el mercado inmobiliario de Berlín en aquel momento: muchos pisos vacíos, precios del alquiler casi estancados o en caída, etcétera; y también era consciente de los problemas particulares de un distrito como Neukölln. No obstante, yo estaba convencido de que estas percepciones negativas se reflejaban en los precios. Además, sabía que el hecho de que hubiese tantos pisos vacíos y unos alquileres tan bajos haría que apenas se construyese nueva vivienda. En una ciudad con una población de más de tres millones de personas, apenas se estaban construyendo unos pocos miles de nuevos apartamentos cada año. Nadie veía rentable hacer obra nueva en aquel contexto. Por lo tanto, deduje que esto haría que, tarde o temprano, la progresiva ocupación de las viviendas vacías fuese reduciendo sus existencias, así como que el reajuste de oferta y demanda contribuiría a aumentar los precios de compraventa y alquiler de los inmuebles. Por eso compré aquella propiedad en Neukölln.

En aquel momento no consideré que esta inversión fuese arriesgada. En absoluto. De hecho, incluso si la propiedad no hubiera aumentado su valor, hubiese bastado con los ingresos por alquiler para resultar una propuesta extremadamente atractiva, ya que me permitió pagar mi préstamo, a pesar de que fijé unas cuotas iniciales relativamente altas. Si las rentas del alquiler se hubiesen mantenido más o menos constantes y los precios de compraventa de la zona no hubiesen subido, no habría podido convertir mi inversión de cero en una ganancia de 4 millones, pero podría haber conseguido una rentabilidad aproximada de un millón. Por eso, no encontré ninguna razón para considerar que esta inversión en una ubicación modesta fuese particularmente arriesgada, por mucho que se financiase con un alto porcentaje de capital prestado.

Desde entonces, he vendido muchas de las propiedades que adquirí en Berlín. Había una que realmente quería conservar: un edificio de apartamentos ubicado en Berlín-Charlottenburg que tiene 25 pisos residenciales y dos bajos comerciales. Compré ese edificio en abril de 2009. Entonces, todos los operadores del mercado (y, especialmente, los bancos) eran extremadamente pesimistas ante el rumbo que seguiría la economía. Al fin y al cabo, solamente habían pasado siete meses desde el colapso de Lehman Brothers. En aquel contexto, la demanda de bienes inmuebles estaba disminuyendo, ya que los bancos se mostraban reacios a prestar y había una sensación general de que se avecinaba una gran catástrofe económica. Los precios no colapsaron, pero sí bajaron. Éste era, en mi opinión, el momento adecuado para comprar. Por eso pude adquirir la propiedad por una ratio precio-alquiler sensacionalmente baja, de 11,9, lo que se traduce en una rentabilidad del 8,4 %.

En los últimos años, el gobierno de izquierda que controla el Ayuntamiento de Berlín ha dificultado cada vez más la vida de los propietarios. Designaron «áreas de protección vecinal» prácticamente en todas partes y, en dichas zonas de la ciudad, es la corporación local y no el propietario quien determina qué se puede hacer con una propiedad determinada. Esto significa, por ejemplo, que ya no es posible subdividir un apartamento de gran tamaño en dos pisos de menores dimensiones. Como precaución, hice eso mismo en 2018 en el edificio de Berlín-Charlottenburg. Y lo hice antes de que entrase en vigor la previsible declaración de «área de protección vecinal» que, en efecto, se terminó haciendo efectiva unos meses después. Yo ni siquiera tenía planeado vender el inmueble, pero quería estar blindado por si esto ocurría y, de hecho, si no hubiese tomado esta decisión, el precio del activo habría caído al menos un 20 %.

En junio de 2019, el gobierno de izquierda de la ciudad de Berlín anunció que aprobaría una ley que congelaría los alquileres, inicialmente por un período de cinco años que probablemente acabará siendo prorrogado a su conclusión. La nueva legislación obligaba también a los propietarios a reducir alquileres pactados contractualmente con sus inquilinos.

Pronto entendí que esta política llevaría a fuertes reducciones de precio en el medio plazo, porque, de forma general, su aplicación devaluaría las propiedades dedicadas al alquiler. Aunque ésos no eran mis planes originales, decidí vender inmediatamente el edificio de apartamentos de Berlín-Charlottenburg. Ya no quedaban muchos compradores potenciales en el mercado, ya que la mayoría de los inversores ya habían dejado de comprar vivienda en Berlín debido a la «congelación» de los alquileres que había anunciado el Ayuntamiento. Sin embargo, encontré un inversor que compró el edificio en septiembre de 2019 por 7,5 millones de euros. Esto se tradujo en una ratio precio-alquiler de 33,5, es decir, casi tres veces más de lo que pagué por el edificio en 2009.

En un primer momento, yo pagué 1,85 millones de euros para hacerme con el inmueble, así como algunos costes asociados a la adquisición, aunque sólo utilicé 468.000 euros de mi propio dinero para la operación. De nuevo, acordé una tasa de pago con una cuota relativamente alta y realicé amortizaciones especiales por valor de 751.000 euros, por lo que la propiedad estaba libre de cargas cuando la traspasé. Si sumas el capital utilizado al principio y los pagos especiales, convertí una compra de 1,22 millones en una venta de 7,5 millones, obteniendo con la inversión una ganancia de 6,28 millones.

Algunos podrían decir que esto es «dinero fácil». Por un lado, tendrían razón, pero, por otro lado, deberían admitir que hace falta valor para arriesgar tu dinero y comprar cuando el mercado inmobiliario, la bolsa de valores y el sector financiero estaban en su punto más bajo, después de la quiebra de Lehman. De igual modo, también tuve que hacer un análisis astuto de los desarrollos políticos que se dieron diez años después, porque sin ese trabajo no habría podido dividir la propiedad en el último minuto ni tampoco habría tenido la oportunidad de venderla a ese precio a un inversor. Lo que olvidan muchos de los que critican por sistema a los ricos es que la riqueza no es un bono por sangrar, sudar y llorar, sino una recompensa por asumir riesgos, analizar correctamente el entorno económico (y político) y, finalmente, tener la determinación de sacar las conclusiones correctas.

Como en toda inversión, uno tiene más posibilidades de obtener grandes beneficios si compra propiedades inmobiliarias nadando contra la corriente y formando su propia opinión a partir de información y análisis sólidos. Por supuesto, la sabiduría convencional sostiene que comprar una propiedad con una ratio de endeudamiento superior al cien por cien, como hice en el caso del edificio de apartamentos en Neukölln, es una operación demasiado arriesgada. En este caso en particular, pude hacerlo porque el banco aceptó una garantía muy alta como colateral. Sin embargo, el riesgo valió la pena, porque dediqué las ganancias del alquiler a pagar el préstamo, en vez de a gastar ese dinero, y porque el mercado inmobiliario se desarrolló como yo esperaba.

Hay muchas personas cuyas incursiones en la compra de bienes inmuebles han sido menos exitosas y, en ocasiones, han desencadenado pérdidas desalentadoras. Los inversores con aversión al riesgo deberían actuar con precaución. Uno de los mayores riesgos del «ladrillo» está asociado con el endeudamiento. En el pasado, las hipotecas sobre bienes inmuebles generalmente se concedían tomando como referencia períodos de diez años, con intereses iniciales de pago del 1 %, que se traducían en cuotas bajas.

Sin embargo, en el mercado actual, con tipos de interés muy bajos (en términos históricos) y unos precios inmobiliarios en aumento, este tipo de préstamo se antoja extremadamente arriesgado. Cuanto más bajos sean los tipos de interés, menor será la cuota mensual, lo que significa que el pago del préstamo se retrasará más en el tiempo. Si la hipoteca es de tipo variable, los tipos de interés pueden subir bruscamente cuando aún tengamos gran parte del préstamo pendiente de pago. En el peor de los casos, el comprador puede acabar incumpliendo los plazos de pago de las cuotas mensuales, y el prestamista hipotecario tiene la posibilidad de sacar la propiedad a subasta. Los inversores que tengan una mayor aversión al riesgo pueden minimizarlo negociando un tipo de interés fijo y planteando un horizonte de pago a quince o veinte años, con una cuota mensual más alta, pero una duración total más corta.

Muchos inversores podrían ahorrarse muchos problemas si siguiesen dos simples reglas que siempre he intentado tener en cuenta a la hora de comprar bienes inmuebles:

1. Nunca compres un edificio de apartamentos sin encargar primero un informe de experto sobre la solidez estructural del inmueble. Si el edificio está infestado de carcoma, moho u hongos, o bien si tiene otras deficiencias, puede que aún sea recomendable comprarlo, pero debes ser consciente de los costes que tendrás que asumir. Por ejemplo, tratar la pudrición por hongos y ciertos problemas estructurales puede resultar muy costoso.
2. Incluso antes de enviar a un experto al edificio, ¡habla con los inquilinos! Llama a sus puertas y pregunta a las personas que han estado viviendo en el edificio durante un tiempo. Ellos conocen el inmueble mejor que cualquier experto y pueden proporcionarte toda la información que necesitas. ¿Hay problemas de humedad en el edificio? ¿Hay mucha rotación en los inquilinos, con nuevos vecinos entrando y saliendo constantemente? A lo largo de los años, ¿hay uno o varios pisos que hayan estado vacíos durante largos períodos de tiempo? La mayoría de los inquilinos son sorprendentemente abiertos y están dispuestos a dar información, incluso puede que se animen a enseñarte ellos mismos su casa. Recuerdo el caso de un edificio que estaba analizando en el que el vendedor me juró que nunca había lidiado con problemas de humedad o moho; sin embargo, uno de sus inquilinos me enseñó una guía de gestión que él y su vecino habían adquirido para enfrentar el moho que infestaba de forma recurrente sus apartamentos.

Hasta ahora, me he referido principalmente a las inversiones en bienes inmuebles de uso residencial. Sin embargo, el mercado ofrece muchas otras oportunidades de inversión: edificios de oficinas, locales comerciales, sedes corporativas, instalaciones logísticas, hogares de ancianos, hoteles, etcétera.

Sin embargo, la mayoría de los inversores no pueden permitirse inversiones directas en estos bienes porque sus precios de compra son mucho más altos que en el mercado de la vivienda. En este caso, resulta más factible realizar una inversión «indirecta», comprando participaciones de fondos inmobiliarios o de acciones de compañías dedicadas al «ladrillo». Lamentablemente, pocos inversores conocen las oportunidades de inversión indirecta de las que se podrían aprovechar merced a las distintas opciones ofrecidas por fondos dedicados a invertir en acciones de bienes inmuebles. Estos vehículos pueden ser una excelente opción para entrar en mercados inmobiliarios del extranjero. Por ejemplo, aquellos que quieran aprovechar las oportunidades ofrecidas por los mercados inmobiliarios de los países asiáticos pueden operar en fondos que invierten en fideicomisos de inversión inmobiliaria, conocidos como REIT. Muchos REIT son agencias inmobiliarias profesionales altamente especializadas y enfocadas en tipos específicos de bienes inmuebles (por ejemplo, en centros comerciales).

Pero he de advertirte que invertir en propiedades no es una garantía de hacerse rico. Yo mismo he ganado mucho dinero en el «ladrillo», pero en una ocasión perdí varios millones de dólares. Esto sucedió hace algunos años, cuando invertí en un REIT privado en Estados Unidos. Los REIT privados son vehículos optimizados fiscalmente que no cotizan en bolsa. Este REIT había comprado principalmente propiedades de oficinas y locales comerciales en Estados Unidos y está gestionado por un amigo mío en quien confío y que considero que es una de las personas más inteligentes que conozco, además de alguien muy honesto. Sin embargo, a pesar de toda su experiencia en el mercado inmobiliario estadounidense, el fondo perdió casi la mitad de su valor en 2022 y 2023. Yo había invertido alrededor de 6 millones a mediados de 2022, pero en noviembre de 2023 esa participación se había reducido a un valor de 2,9 millones.

La razón de esta caída fue que, a medida que los tipos de interés aumentaron en Estados Unidos, las ratios precio-alquiler también crecieron, a medida que las valoraciones de las propiedades comerciales se iban reduciendo. Además, muchas compañías permitieron que sus empleados trabajaran desde casa después de la crisis por la pandemia de la COVID-19, de modo que las suposiciones sobre la rentabilidad futura de los alquileres de oficinas y sedes corporativas se redujeron. Las propiedades del fondo se devaluaron alrededor de un 25 %, pero, como el vehículo tenía una ratio préstamo-valor cercana al 50 %, el valor de las participaciones del vehículo se redujo aproximadamente a la mitad. El apalancamiento no sólo tiene un efecto positivo, sino que también opera negativamente de forma igualmente significativa cuando el valor de las propiedades cae, en lugar de aumentar.

¿Te hará rico el mercado inmobiliario? Al igual que con cualquier otro tipo de inversión, puedes aumentar tus posibilidades poniendo tu dinero en inversiones directas seleccionadas o en fondos cerrados, en lugar de diversificar de forma amplia tus inversiones. Mis propias inversiones directas en el mercado inmobiliario de Berlín son un buen ejemplo. Hubiera sido difícil lograr las mismas rentabilidades de doble dígito invirtiendo en fondos fuertemente diversificados.

¿Es este tipo de inversión más arriesgado que una inversión diversificada, como, por ejemplo, comprar participaciones de un fondo de renta variable especializado en el sector inmobiliario? Sin duda, hay un alto riesgo si no investigas cada detalle de la oportunidad de inversión en cuestión, pero, por supuesto, las posibilidades de obtener un buen rendimiento también son mucho mayores.

De nuevo, al igual que con cualquier otra inversión, seguir tendencias e invertir en las mismas oportunidades que seducen a todos los demás puede parecer una apuesta segura, pero en el fondo ésta es una forma muy arriesgada de operar y buscar ganancias, de modo que rara vez dará los frutos esperados. Si tienes el valor de nadar contra la corriente y la experiencia para prever las tendencias del mercado inmobiliario de manera más precisa que otros, podrás comprar a precios de ganga y obtener beneficios significativos en este sector.

14

No subestimes las amenazas a tu riqueza

Las malas inversiones no son la única amenaza que se cierne sobre tu riqueza. Hay varias amenazas potenciales que muchas personas subestiman. Algunas son de naturaleza personal, mientras que otras, en cambio, tiene un origen político o social.

A nivel psicológico, los emprendedores e inversores son particularmente propensos a cometer errores inducidos por los siguientes riesgos:

1. Pérdida de enfoque, fe exagerada en uno mismo.
2. Optimismo excesivo.

El inversor Jim Rogers, que gestionó el *hedge fund* Quantum junto a George Soros, me ha dicho repetidamente que el momento más peligroso para un inversor llega justo después de haber realizado una o varias inversiones extremadamente exitosas. En ese momento, es fácil sentirse infalible y resulta muy difícil resistir la tentación de comenzar a planificar la próxima inversión. Sin embargo, lo mejor que podemos hacer en ese tipo de situaciones es... no hacer nada por un tiempo. Es preferible seguir observando el mercado y esperar a que llegue el momento adecuado. El propio Rogers ha ganado varios cientos de millones de dólares siguiendo su propio consejo.

Hay otro peligro asociado a creer que tener éxito en un campo determinado significa que también tendremos éxito en otra industria completamente diferente. El fundador de Ikea, Feodor Ingvar Kamprad (1926-2018), descubrió que esto no siempre es cierto —y lo descubrió de la peor manera posible—. Después de ganar mucho dinero en la industria del mueble, decidió probar suerte en otro campo y se hizo con una participación accionarial en una empresa electrónica que fabricaba televisores. Sin embargo, esta nueva empresa fracasó miserablemente, y Kamprad terminó perdiendo más de la cuarta parte del capital de Ikea.[216]

Esto no significa que siempre sea equivocado probar nuevas ideas de negocio y buscar oportunidades fuera de tu principal área de competencia. Richard Branson, por ejemplo, ha hecho carrera buscando desafío tras desafío. Lanzó una discográfica, una aerolínea, una compañía ferroviaria, una agencia de modelos y docenas de empresas más, incluida una firma dedicada a vender viajes espaciales a personas adineradas. Algunas de estas compañías han sido mucho más exitosas que otras. Sin embargo, Branson es más la excepción que la regla. Para la mayoría de las personas, perder el enfoque puede llevar fácilmente a perder parte o la totalidad del dinero conseguido.

Demasiado optimismo puede ser peligroso

Las guías sobre cómo ganar dinero enfatizan con frecuencia la importancia del pensamiento positivo. Sin embargo, también es cierto que incurrir en un pensamiento demasiado optimista es una de las razones clave por las que muchas empresas caen y muchas personas adineradas pierden su dinero.

He visto muchas empresas pasar por momentos difíciles, por ejemplo, porque las condiciones del mercado pueden haber cambiado a peor. En esta situación, el optimismo que inicialmente ayudó a lanzar la empresa puede acabar siendo su perdición.

216. Zitelmann, *Dare to be different*, pp. 34-37.

A veces, los fundadores de la compañía no siempre pueden, quieren o saben entender lo que está sucediendo, y se aferran a su modelo de negocio mucho tiempo después de que sea obvio para cualquier observador que el viejo paradigma ya no funcionará bajo las nuevas condiciones del mercado.

La confianza que gana el empresario al haber superado con éxito los obstáculos aparentemente imposibles que se levantaron en su camino en el pasado puede acabar resultando fatal. Tarde o temprano, puede darse una situación de exceso de confianza, puesto que los éxitos anteriores reforzarán su convicción de que será capaz de triunfar nuevamente ante la adversidad. En este caso, el empresario acaba ignorando que hay situaciones en las que la confianza no marcará ninguna diferencia. Los psicólogos llaman a este tipo de ceguera «percepción selectiva». Cuanto más difíciles sean las circunstancias, más tenderemos a ver oportunidades y a ignorar los riesgos o todos aquellos aspectos de la situación que deberían obligarnos a cuestionar nuestras posiciones originales. Dicho con otras palabras, podemos acabar en una situación en la que sistemáticamente ignoramos cualquier información «negativa» sobre nuestro proyecto.

En ese caso, un empresario o un inversor desestimará las advertencias y las señales que otros le quieran comunicar, tachando a quienes solamente buscan prestar su ayuda como «pesimista», «derrotista», «negativo», etcétera. Personas cercanas a él, que pueden evaluar el riesgo de manera más objetiva y advertir con criterio de lo que puede acabar pasando, se desanimarán y desistirán de expresar su opinión o, incluso si lo hacen, lo harán solamente con excesiva cautela y precaución. Por el contrario, aquellos que comparten el exceso de confianza y optimismo del empresario o inversor en cuestión se verán alentados a expresar tales opiniones, reforzando así el círculo vicioso y facilitando la terca determinación del fundador o del operador que insiste en «mantenerse firme en sus convicciones».

Los emprendedores, ¿ciegos ante el riesgo?

A menudo se asume que los emprendedores son extremadamente aventureros cuando se trata de asumir riesgos. El alto porcentaje de empresas que fracasan ciertamente respaldaría esta teoría. Con todo, los estudios empíricos no han establecido una relación unívoca entre el éxito empresarial y la disposición a asumir riesgos. Lo que sí han mostrado es que las personas dispuestas a asumir riesgos son más propensas a iniciar un negocio, pero no necesariamente a dirigir un negocio de éxito. En 1999, Eva Schmitt-Rodermund y Rainer K. Silbereisen encontraron que los pocos estudios que habían investigado directamente la relación entre el éxito empresarial y la disposición a asumir riesgos «no mostraron ninguna diferencia entre empresas exitosas y en quiebra, o entre empresas de rápido crecimiento y de crecimiento lento, en términos de la disposición del empresario a asumir riesgos». Por otro lado, una mayor tolerancia al riesgo parecía estar vinculada «al proceso de iniciar un negocio, en sí».[217]

Un estudio estadounidense que abarca la relación entre los rasgos de personalidad y el éxito empresarial sugiere que puede haber una correlación no lineal entre el éxito en los negocios y la disposición a asumir riesgos. Mientras que un cierto nivel de asunción de riesgos se correlacionaría positivamente con el éxito en los negocios, un nivel más alto tendría un impacto negativo. «Convertirse en un emprendedor es arriesgado, y hacer negocios de manera arriesgada puede ser peligroso», concluyen los autores, agregando que algunos estudios muestran incluso «que la asunción de riesgo está negativamente asociada con el éxito empresarial».[218]

Es interesante destacar que los emprendedores tienden a considerar el comportamiento propio como menos arriesgado de lo que lo harían otras personas. Los investigadores estadounidenses Locke y Baum coinciden en que «los emprendedores no experimentan sus proyectos como iniciativas altamente arries-

217. Schmitt-Rodermund y Silbereisen, p. 117.
218. Ibídem.

gadas, lo vemos por ejemplo en comparación con la forma en que un extraño experimentaría ese mismo proceso. Esto se debe a que los emprendedores tienen una gran confianza en sí mismos y, a partir de su habilidad autopercibida, consideran que la empresa que han asumido no es tan arriesgada. De igual modo, como poseen una capacidad genuina para desarrollar un proyecto así, entienden que la empresa que están impulsando no es una actividad tan arriesgada para ellos mismos».[219]

Otros estudios también han demostrado que los emprendedores no son necesariamente más propensos que los no emprendedores a asumir riesgos conscientemente. Más bien, ambos grupos perciben los riesgos de forma diferente. Así, «los emprendedores se caracterizan por una menor percepción del riesgo, lo que transmite la ilusión de una mayor tolerancia al riesgo. La investigación ha demostrado que los emprendedores categorizan escenarios comerciales ambiguos de forma significativamente más positiva que los no emprendedores». También se ha demostrado que los emprendedores aplican heurísticas que reducen la percepción de riesgo en sus procesos de toma de decisiones. Si no fuera por estos «atajos cognitivos», muchas decisiones de negocio nunca se habrían tomado.[220]

En 1999, Lowell W. Busenitz publicó una exhaustiva investigación sobre esta paradoja, preguntándose «por qué algunos emprendedores asumen y aceptan una cantidad desmesurada de riesgo, aunque, en promedio, no difieren aparentemente del resto de personas en su propensión a asumir riesgos». Busenitz encuestó a 176 fundadores de empresas para probar la hipótesis de que los emprendedores «utilizan sesgos y heurísticas de manera más extensa en su toma de decisiones y, por lo tanto, no reconocen completamente el riesgo asociado con iniciar su propio negocio».[221]

Sus hallazgos confirmaron esta suposición. Los emprendedores aplican heurísticas para simplificar los procesos de toma

219. Locke y Baum, p. 99.
220. Hisrich, Langan-Fox y Grant, p. 583.
221. Busenitz, p. 326

de decisiones. Busenitz encontró que los fundadores de empresas son más propensos a incurrir en un optimismo excesivo (incluso en un exceso de confianza) y a manejar generalizaciones estadísticamente infundadas, por ejemplo, en comparación con los altos ejecutivos, cuya mirada es más cautelosa.[222] Esto no significa que los hombres de negocios están más dispuestos a asumir riesgos que los no emprendedores, sino que más bien implica que, a menudo, los empresarios no son conscientes de los riesgos que están tomando.

En muchas guías sobre cómo dirigir un negocio con éxito o cómo construir riqueza se cuentan historias de hombres y mujeres extraordinarios que han tenido que enfrentar desafíos extremos en su camino hacia el éxito. En algunos casos, estas personas han estado cerca del abismo, pero han perseverado y finalmente han logrado triunfar contra viento y marea. En mi libro *Dare to be different and grow rich* (Atrévete a ser diferente y enriquecerte) recojo varios ejemplos impresionantes de este tipo. Sin embargo, ten en cuenta que estos libros solamente cuentan las historias de personas que lograron el éxito al final de su particular travesía. ¿Qué pasa con todos aquellos cuyas historias no llevaron a un final feliz? De eso no se escribe tanto.

No es raro que muchos empresarios lleguen a un punto en el que tienen que admitir que su idea de negocio original ya no es viable y que ya no hay futuro para su compañía. Éstos son momentos amargos tanto para el propietario como para sus empleados. Pero, al fin y al cabo, ésta es simplemente una fase normal de la vida empresarial, algo que puede suceder en cualquier organización, desde en las pymes hasta en las grandes corporaciones que parecen inquebrantables. Por eso, diversificar tus riesgos y asegurarte de que tu riqueza no está vinculada a una sola empresa es un factor clave para tener éxito financiero de manera continua.

Con excesiva frecuencia, las personas adineradas cometen el error de poner casi todo su capital en su propia empresa y dejarlo ahí. Reinvertir todas tus ganancias puede ser la forma más

222. Ibídem, p. 332.

rápida de hacer crecer tu riqueza. Sin embargo, es una apuesta muy osada y no menos arriesgada que invertir todo tu dinero en una sola acción. Por eso, es mejor proteger tus activos personales manteniéndolos estrictamente separados de los activos de tu empresa.

El exceso de confianza junto con la falta de disciplina también es la fuente de otro riesgo que puede llevar a la pérdida de todo o parte considerable del dinero acumulado. Como hemos visto en el capítulo 6, muchos millonarios viven vidas extremadamente frugales, aunque no todos lo hacen. Así, a medida que se acostumbran a un flujo constante de ingresos altos, ya sea merced a un jugoso salario ejecutivo o gracias a los dividendos que reparten sus participaciones empresariales, estas personas tienden a desarrollar un gusto por un nivel de vida cada vez más alto. Eso es natural: después de todo, la mayoría de las personas no trabajan exclusivamente para legar dinero a sus hijos y nietos, sino que también quieren disfrutar de los frutos de su trabajo.

Sin embargo, hay un riesgo asociado a volverse dependiente de un nivel de vida lujoso, puesto que es mucho más difícil reducir tus expectativas que aumentarlas. La perspectiva optimista que se deriva de haber sido vindicado por el éxito en el pasado atrae a algunas personas adineradas a una nueva forma de pensar que asume que el futuro será igualmente brillante. Mucho después de haber perdido su base económica, muchos acaban por gastar más de lo que ganan, e incluso se endeudan y contraen préstamos que solamente pretenden mantener su estilo de vida anterior y su apariencia exterior de gran riqueza.

Sin embargo, no sólo las circunstancias económicas pueden cambiar rápidamente y, a veces, de manera sorprendente. También enfrentamos riesgos de índole política que pueden actuar contra nuestra riqueza.

Riesgos políticos

En el mundo actual, los mayores riesgos políticos se derivan de un mismo problema: el alto nivel de deuda pública observado en muchos países —y los intentos de los políticos de encontrar alguna especie de «solución mágica» a este problema—. En todas partes, desde Japón a Estados Unidos o Europa, los niveles oficiales de deuda pública han alcanzado picos sin precedentes. En los últimos años, la crisis financiera y la pandemia de la COVID-19 han agravado severamente la situación. Sin embargo, las raíces de la actual crisis de deuda van mucho más allá. En las últimas décadas, los políticos de todo Occidente han comprado la lealtad de sus votantes con promesas de ampliar un programa de bienestar tras otro. La Europa de la posguerra ha vivido el surgimiento y la proliferación de un modelo de estado de bienestar en el que aproximadamente la mitad del PIB se redistribuye, en parte a través de impuestos y cotizaciones sociales, en parte con deuda pública. Los líderes políticos están constantemente a la búsqueda de oportunidades que ayuden a eliminar supuestas «injusticias sociales». Hoy en día, Europa suma «el 58 % del gasto total en protección social de la economía mundial», según lo establecido por Samuel Gregg, director de investigación del Instituto Acton.[223]

Incluso en Estados Unidos, que sigue siendo descrito por muchos observadores europeos como un país donde impera un modelo económico de libre mercado «desenfrenado», el gasto público en programas sociales ha aumentado significativamente en las últimas décadas. En 2010, el 70,5 % del gasto federal se destinó a todo tipo de programas de bienestar, en comparación con el 28,3 % que amasaban estas iniciativas en 1962 o la cuota del 48,5 % que tenían en 1990. De hecho, ya más de 67 millones de estadounidenses están recibiendo ayudas o transferencias del gobierno.[224]

Como ha demostrado William Voegeli en su libro *Never enough: America's Limitless Welfare State* (Nunca es suficiente: el ilimitado estado de bienestar estadounidense), publicado en 2011, la imagen de Estados Unidos como un bastión del capitalismo de libre mercado sin restricciones es un mito. Muchos eu-

223. Gregg, p. 159.
224. Ibídem, p. 186.

ropeos ignoran, por ejemplo, que el gasto público ha aumentado continuamente en ese país norteamericano, en una tendencia sostenida durante décadas. De hecho, los enormes problemas de deuda del país no se deben al gasto militar, sino a su asombroso aumento del gasto social...

No hay duda de que estas enormes deudas públicas empiezan a parecer impagables. Además, casi todos los países occidentales han alcanzado los límites de su capacidad de endeudamiento. Otra crisis financiera llevaría a muchos gobiernos al borde del abismo financiero. En teoría, hay varias soluciones potenciales que ayudarían a aliviar la carga de la deuda:

- Crecimiento económico.
- Recortes masivos del gasto social.
- Aumento de la edad de jubilación.
- Subida de impuestos, en particular entre las «personas de altos ingresos» y los «individuos de alto patrimonio neto».
- Inflación.
- Represión financiera.
- Incumplimiento de las obligaciones financieras del país.

El crecimiento económico permitió a Estados Unidos deshacerse de la carga de deuda asumida después de la Segunda Guerra Mundial. Por supuesto, ésa sería la solución más deseable. Sin embargo, es irreal creer que el crecimiento va a ser a una escala lo suficientemente grande como para reducir los niveles de deuda que vemos en la actualidad. De igual modo, las opciones que ofrecen los recortes masivos del gasto social son limitadas, porque la experiencia ha demostrado que los gobiernos que tienen el valor de reducir estos desembolsos suelen perder las siguientes elecciones.

Más adelante, en este capítulo, volveré a la cuarta solución de la lista anterior, a saber: la propuesta de aumentar los impuestos a las personas de altos ingresos y los individuos de alto patrimonio neto.

Los bancos centrales están jugando a un juego peligroso

Teóricamente, la inflación también es una opción para reducir la deuda pública. Algunos inversores temen que la política de los bancos centrales de abordar la crisis de deuda mediante una «flexibilización cuantitativa» pueda desencadenar inflación. Aunque los bancos centrales de todo el mundo imprimieron montañas y montañas de dinero en la primera década de los dos mil, el impacto inicial se limitó a la inflación observada en los precios de diversos activos (es decir, subida de precios inmobiliarios, auge de cotización de las acciones, burbuja de compra de deuda pública a tipos muy bajos, etcétera), mientras que los precios de los bienes de consumo se mantuvieron estables. Sin embargo, finalmente pasó lo que tenía que pasar y, desde 2021, los precios de los bienes de consumo también aumentaron dramáticamente en todo el mundo. La inflación alcanzó casi el 10 % en muchos países occidentales, lo que obligó a los bancos centrales a tomar medidas de ajuste, elevando los tipos de interés.

Desde la abolición del patrón oro, tanto los regímenes democráticos como los autoritarios se han mostrado dispuestos a imprimir dinero en tiempos de crisis económica, desencadenando así episodios de inflación e hiperinflación. En su estudio sobre regímenes monetarios e inflación, Peter Bernholz ha demostrado que, entre 1800 y 1914, cuando los sistemas monetarios se basaban en los patrones del oro y la plata (excepto durante el período de las guerras napoleónicas), la inflación tendía a ser cero. Tras la Primera Guerra Mundial, países como el Reino Unido y Suiza volvieron al patrón oro.

La evidencia ha demostrado que los sistemas monetarios respaldados en oro tienen muchas menos probabilidades de experimentar inflación que las divisas basadas exclusivamente en el papel (monedas o dinero fiduciario). En ausencia de un patrón oro, también ha quedado patente que los bancos centrales independientes de los procesos políticos han sabido actuar mejor contra la inflación, como demuestra Bernholz. Históricamente, los países con bancos centrales independientes, caso el antiguo

Bundesbank alemán, han experimentado niveles de inflación significativamente menores que los países donde los bancos centrales no han operado de forma independiente.

El problema con el Banco Central Europeo es que perdió completamente su independencia en el curso de la crisis de la eurozona, lo que significa que un mecanismo clave en la lucha contra la inflación se ha vuelto inoperante.

Incluso una inflación moderada conduce a una situación de «represión financiera» debido al efecto de unos tipos de interés extremadamente bajos. Si los tipos son menores que la tasa de inflación, se produce una expropiación progresiva de los ahorros. Además, con niveles de inflación más altos se pueden desencadenar crisis sociales masivas. Y, por descontado, siempre existe el riesgo de que una inflación inducida por el gobierno se salga de control y, en el peor de los casos, conduzca a una hiperinflación. El término *hiperinflación* denota una tasa mensual de inflación superior al 50 %. De los 29 eventos de hiperinflación conocidos a lo largo de la historia, 28 ocurrieron durante el siglo XX, una estadística que demuestra de manera concluyente el vínculo entre el dinero fiduciario y el riesgo de inflación. En estas circunstancias extremas, los inversores más afectados son aquellos que invierten principalmente en bonos de deuda.

Un incumplimiento soberano sería el último recurso al que llegarían los gobiernos. Sin duda, harían todo lo que estuviera a su alcance para evitar este desenlace, como, por ejemplo, mediante la adopción de subidas masivas de impuestos y la aplicación de gravámenes especiales a las personas de mayor patrimonio. En 2013, el Fondo Monetario Internacional (FMI) planteó la idea de un «impuesto a la riqueza privada» del 10 %.[225] En su informe *Fiscal monitor: taxing times*, de octubre de 2013, el FMI llega a la conclusión de que «el fuerte deterioro de las finanzas públicas en muchos países ha reavivado el interés por la apli-

225. *Forbes*, «The International Monetary Fund lays the groundwork for global wealth confiscation», 15 de octubre de 2013, <http://www.forbes.com/sites/billfrezza/2013/10/15/the-international-monetary-fund-lays-the-groundwork-for-global-wealth-confiscation/>.

cación de un "impuesto al capital", un gravamen aplicable una única vez sobre la riqueza privada como medida excepcional para restaurar la sostenibilidad de la deuda pública. El atractivo radica en que, si se implementa antes de que sea posible evitarlo y si existe la creencia de que su cobro no se repetirá en el tiempo, tal impuesto no distorsionaría el comportamiento de los agentes (y algunos pueden considerarlo justo)». El FMI justifica de tal forma este «experimento» y apunta que «se espera que la ratio de deuda bruta promedio en las economías avanzadas se estabilice [...] en un pico histórico, alrededor del 110 % del PIB, es decir, 35 puntos porcentuales por encima de su nivel de 2007».[226]

Esta propuesta refleja un consenso político general según el cual, en tiempos de «dificultades financieras», los ricos son menos dignos de protección que otros sectores de la población. En 2012, el entonces presidente francés, François Hollande, hizo de su propuesta de una «contribución excepcional a la solidaridad nacional» (también conocida como el «superimpuesto a los millonarios») el centro de su promesa de ese año a la ciudadanía gala. Después de rechazar inicialmente tal propuesta, el Consejo Constitucional aprobó una versión enmendada que introducía un impuesto temporal del 75 % que pagarían las empresas en concepto de cualquier salario superior a un millón de euros.[227] Su sucesor en la presidencia de Francia, Emmanuel Macron, que sirvió en la administración Hollande como ministro de Economía, consideró que esta propuesta era absurda, y se quejó de que Hollande iba a convertir a Francia en «Cuba, pero sin sol». Un estudio encargado por el Senado francés reveló que el impuesto afectaba principalmente a empresas con un volumen de negocios inferior a 50 millones de euros. A finales de 2014, el gravamen fue debidamente abolido.[228]

226. El informe completo se puede consultar en <https://www.imf.org/external/pubs/ft/fm/2013/02/pdf/fm1302.pdf>.

227. «France's 75 % "millionaire tax" to become law», *CNN Money*, 30 de diciembre de 2013, <http://money.cnn.com/2013/12/30/news/economy/french-tax-75/>.

228. «France waves discreet goodbye to 75 percent super-tax», Reuters, 23 de diciembre de 2014, <http://www.reuters.com/article/2014/12/23/us-france-supertax-idUSKBN0K11CC20141223>.

Si crees que un «superimpuesto a los millonarios» del 75 % es escandaloso, no olvides que tales niveles de tributación tienen precedentes. Durante la década de los setenta, el gobierno socialdemócrata sueco elevó los impuestos a las personas con mayores ingresos hasta tal punto que empresarios como el fundador de Ikea, Feodor Ingvar Kamprad, no vieron otra opción que abandonar el país. En 1973, Kamprad se mudó a Dinamarca y, posteriormente, fijó su residencia en Suiza.

Tres años más tarde, su compatriota sueca Astrid Lindgren, creadora de la famosa y mundialmente conocida serie infantil *Pippi Calzaslargas*, publicó un «cuento de hadas satírico» titulado *Pippi Calzaslargas en el mundo del dinero*, una historia breve difundida en el diario *Expressen* que pretendía transmitir su protesta contra el exorbitante tipo impositivo marginal que enfrentaban los trabajadores por cuenta propia. Según calculó la autora, sus pagos fiscales ascendían a ¡más del cien por cien de sus ingresos! El ministro de Finanzas de Suecia acusó públicamente a la autora del bestseller infantil de haber perdido el rumbo. Sin embargo, pronto tuvo que retractarse de sus acusaciones cuando se pudo comprobar que la factura fiscal real de Lindgren alcanzaba un tipo del 102 %, tal y como ella misma había lamentado.

Frente a un tipo impositivo del 102 % o mayor, los individuos más ricos tienen tres opciones: pueden echar mano de sus ahorros para pagar la diferencia, pueden recurrir a la evasión fiscal o pueden abandonar el país. No pocos ricos subestiman este riesgo, pero si se produjera otra crisis financiera en un futuro cercano, los líderes políticos buscarían sin duda chivos expiatorios a los que echar la culpa de sus propios errores y endosar parte de la factura.

En 2009, en pleno apogeo de la última crisis financiera, el sentir general era extremadamente hostil hacia los «banqueros» en particular, así como hacia los «altos ejecutivos» y «los ricos» en general. Los periódicos estaban llenos de noticias sobre todo tipo de «ataques a los banqueros». El 25 de marzo, activistas contrarios al sector financiero atacaron la casa del ex director ejecutivo del Royal Bank of Scotland, Fred Goodwin, en Edimburgo. Los asaltantes rompieron varias ventanas y dañaron uno de sus automóviles.[229] De igual modo, durante la cumbre del G20 celebrada en Londres en abril de 2009, muchos banqueros y financieros de la ciudad vestían con pantalones vaqueros y sudadera para acudir a su puesto de trabajo por temor a que los manifestantes «los colgaran de una farola».[230] Chris Knight, uno de los organizadores de las protestas, fue suspendido y finalmente despedido de su puesto como profesor de Antropología en la Universidad del Este de Londres. El académico había defendido la violencia contra los banqueros.[231] En Francia, un grupo de trabajadores de una fábrica de Caterpillar levantó barricadas en sus oficinas y tomó como rehenes a cuatro ejecutivos de la compañía, en una protesta contra los recortes.[232]

Denunciar a minorías impopulares en tiempos de crisis ha sido una práctica consagrada durante milenios. La razón por la que estas estrategias consistentes en buscar chivos expiatorios funcionan tan bien es porque las causas reales de la crisis suelen estar más allá de la comprensión de la mayoría de las personas, de modo que es mucho más fácil culpar a «los ricos» que tratar de comprender las complejas causalidades económicas que llevaron al colapso.

229. «Sir Fred Goodwin attack: bank bosses are criminals group claims responsibility», *Daily Telegraph*, 25 de marzo de 2009, <http://www.telegraph.co.uk/finance/newsbysector/banksandfinance/5048091/Sir-Fred-Goodwin-attack-Bank-Bosses-Are-Criminals-group-claims-responsbility.html>.

230. «London bankers don stiff upper lip for G20 demos», Reuters, 31 de marzo de 2009, <http://uk.reuters.com/article/2009/03/31/uk-g20-protest-bankers-idUKTRE52U51B20090331>.

231. «Hang the Bankers! Getting ready to vent in London», *Time Magazine*, 28 de marzo de 2009, <http://content.time.com/time/business/article/0,8599,1888153,00.html>.

232. «Hundreds of French workers take bosses hostage», CNN, 31 de marzo de 2009, <http://edition.cnn.com/2009/WORLD/europe/03/31/france.hostages.caterpillar.workers/>.

Epílogo

No envidiemos a los ricos; nuestra sociedad los necesita

En tiempos de crisis, muchas personas desperdician su energía tratando de buscar «culpables».

En Estados Unidos se culpó a China por la pandemia de la COVID-19, mientras que en Europa se escucharon teorías de la conspiración que ligaron lo sucedido a Bill Gates. Los datos muestran que, a lo largo de toda la historia de la humanidad, nadie ha destinado tanto dinero a combatir enfermedades como Bill Gates. Sin embargo, los seguidores de este tipo de discursos acusan a este empresario estadounidense de haber creado el virus para ganar aún más dinero a base de vender vacunas. En mi país, un vídeo con el provocador título «Bill Gates saquea a Alemania» se volvió viral en redes sociales. Por supuesto, las acusaciones contra Bill Gates son falaces, pero eso no parece importarles a muchas de las personas que comparten este tipo de contenidos.

Este ejemplo demuestra que los ricos se convierten fácilmente en chivos expiatorios a los que culpar de todo tipo de situaciones, especialmente en tiempos de crisis. En 2018 encargué a Ipsos Mori la realización de una encuesta representativa que, en un primer momento, se realizó en Estados Unidos, Alemania, Francia y Gran Bretaña. El sondeo fue diseñado para explorar, país por país, cuáles son las actitudes sociales predominantes en relación con los ricos. Los resultados de la encuesta, que publiqué en mi libro *Los ricos ante la opinión pública*, muestran lo prevalentes que son los prejuicios dirigidos contra las personas ricas. Posteriormente amplié la encuesta y la realicé en otros nueve países, entre ellos, España, donde el libro se publicó en 2022.

Antes de la publicación de mi obra, la investigación se había dedicado entre poco o nada a este tipo de cuestiones. Desde el lanzamiento del clásico *La opinión pública*, de Walter Lippmann, de 1921, los estudios dedicados a examinar prejuicios y estereotipos han sido abundantes, con miles de artículos, informes o libros dedicados al tema, particularmente en torno a cuestiones como el racismo y el sexismo. Sin embargo, apenas se han realizado investigaciones sobre los estereotipos basados en aspectos como la ocupación y la clase socioeconómica. Al igual que se habla de sexismo o racismo cuando el tratamiento hacia terceros es diferente (y peor) dependiendo del sexo o la raza, la asimetría de consideración con base en aspectos como la ocupación o la clase socioeconómica se enmarca en el clasismo. En este sentido, en Estados Unidos se han publicado algunos estudios sobre los prejuicios y estereotipos que abarcan la situación de las personas pobres. Sin embargo, hasta ahora ha habido muy pocas investigaciones sobre los prejuicios sociales dirigidos contra una minoría muy concreta y específica como la que constituye el grupo de los ricos.

La investigación sobre la comparación social ha demostrado que nos comparamos constantemente con otras personas, de forma consciente o inconsciente, como forma de obtener datos indispensables para la autoevaluación. De igual modo, al evaluarnos, también nos comparamos inevitablemente con otras personas. Esta comparativa ocurre automáticamente. Al fin y al cabo, sólo podemos evaluarnos si nos comparamos con terceros. La envidia se despierta cuando la persona A se compara con la persona B y encuentra que esa persona B tiene cualidades, propiedades, condiciones o estatus que a la persona A le gustaría tener, pero que no posee en la actualidad. El hecho de que estas comparaciones ocurran a menudo por debajo del nivel de la conciencia es uno de los motivos por los que la mayoría de las personas prefieren negar el hecho de que dentro de ellas albergan algunos sentimientos de envidia.

La mayoría de las personas procuran evitar y minimizar su envidia. Pueden lograrlo reduciendo la brecha que las separa de la persona envidiada. Si no tienen éxito o no dan ese paso, aquel que siente envidia enfatizará la supuesta ventaja que ostenta en lo referido a rasgos o características que no están relacionados con el ámbito con el que está comparando. Por ejemplo, el envidioso A se dirá a sí mismo «puede que no sea tan rico como B, pero yo tengo mejor educación, o soy más agradable, o soy mejor persona, etcétera». Alternativamente, quienes sienten envidia pueden tratar de minimizar la importancia que tienen aquellos aspectos en los que se perciben como inferiores y, en cambio, enfatizar los puntos en los que creen que se comparan favorablemente con esa persona.

Es natural que los grupos sociales que perciben a otros colectivos como económicamente más exitosos y quizá más inteligentes desarrollen estrategias de compensación para mantener y preservar su autoestima. También es normal que los miembros de estratos sociales más elevados puedan aceptar con mayor facilidad cuáles son los criterios en los que se basan muchas de las clasificaciones sociales, caso del éxito económico o la educación, puesto que ellos mismos están en la cima de la jerarquía. En este sentido, los miembros de las clases sociales superiores tienden a diferenciarse de otros grupos sociales en términos económicos o culturales, mientras que los integrantes de las clases sociales más bajas tenderán a depender más de aspectos o criterios morales.

Las investigaciones realizadas en Estados Unidos y Alemania sugieren que quienes no son ricos activan estrategias de compensación como forma de mantener su autoestima. Estas estrategias buscan, por un lado, cuestionar la correlación entre el éxito económico y la satisfacción vital y, por otro, otorgar un mayor peso a ciertos valores, caso de las relaciones interpersonales, la moral o la vida familiar. Pero eso no es todo. Para que quienes no son ricos puedan posicionarse por encima de aquellos que sí son ricos, es importante que se acepte de forma amplia que los miembros de las clases más bajas pueden ser igual de buenos (o tal vez incluso mejores) en estos valores y aspectos. Los estereotipos de la clase trabajadora sobre los ricos que presentan a quienes más tienen como personas frías y egoístas que tienen vidas familiares y relaciones interpersonales insatisfactorias, amén de malas costumbres e inclinaciones morales, sirven a los miembros de la clase trabajadora como mensajes que ayudan a compensar sus posibles sentimientos de inferioridad e incluso contribuyen a afirmar la superioridad de quienes se sitúan en las posiciones bajas de la distribución económica.

La característica común que tienen todos los campos en los que los miembros de clases «socialmente desfavorecidas» dicen ser superiores a los ricos es que se basan, en gran medida, en cuestiones cuya interpretación no deja de ser subjetiva. Es fácil demostrar quién tiene más dinero o está mejor educado. En cambio, no es tan fácil establecer quién tiene unas relaciones interpersonales o una vida familiar más satisfactoria, puesto que se trata de cuestiones que dependen mucho más de la interpretación subjetiva (por ejemplo, la calidad del matrimonio de alguien) y son casi imposibles de juzgar por parte de observadores externos.

Dado que la envidia social no se puede medir mediante preguntas directas (por ejemplo, plantear «¿cuánta envidia sientes?» al participante en el sondeo), el cuestionario formulado recoge tres declaraciones diseñadas para medir el posicionamiento de los entrevistados y, de esta forma, pulsar su grado de envidia social. Esas declaraciones son las siguientes: «Creo que sería justo aumentar sustancialmente los impuestos para los millonarios, incluso si personalmente no me beneficio de ello»; «Estoy a favor de reducir drásticamente los salarios de los directivos y de redistribuir el dinero de forma más equitativa entre los trabajadores, incluso si eso significara que los asalariados obtendrían unos pocos [euros, dólares, libras] más cada mes»; «Cuando escucho que un millonario que tomó una decisión arriesgada en los negocios perdió mucho dinero por ello, pienso que se lo merece».

Mi estudio desarrolló asimismo una «escala de envidia social», según la cual cualquier persona que se muestra en desacuerdo con estas tres declaraciones queda clasificada como alguien «no envidioso», mientras que los encuestados que estuvieron de acuerdo con una de las tres declaraciones fueron clasificados como «ambivalentes» y aquellos que estuvieron de acuerdo con dos o tres afirmaciones fueron categorizados como «envidiosos sociales», un grupo que también recoge al «núcleo duro de envidiosos» que estuvieron de acuerdo con estas tres formulaciones. Dado que estas mismas preguntas se hicieron en los trece países a los que llegó la investigación, el sondeo proporcionó una base sólida para establecer comparaciones.

Así, el «coeficiente de envidia social» desarrollado a partir de los resultados de la encuesta indica la proporción de envidiosos en relación con los no envidiosos para cualquier país dado. Un valor igual a 1 significa que el número de envidiosos y no envidiosos es idéntico. Un valor menor que 1 indica que hay más no envidiosos que envidiosos. En sentido contrario, un valor mayor que 1 supone que hay más envidiosos que no envidiosos. Según el coeficiente de envidia social, la envidia social es más alta en Francia (1,26), seguida de Alemania (0,97). En cambio, los niveles más bajos de envidia social se dan en Corea del Sur (0,33), Japón (0,25) y Polonia (0,21).

Los envidiosos y los no envidiosos difieren ampliamente en sus opiniones sobre las personas ricas. La precisión de la escala de envidia social permite distinguir entre los dos grupos, puesto que hay una diferencia evidente en sus atribuciones de rasgos de personalidad a los ricos. Así, los rasgos de personalidad más frecuentemente atribuidos a los ricos por parte de los envidiosos (es decir, aquellos que se mostraron de acuerdo con dos o tres de las tres afirmaciones con las que medimos el grado de envidia) son «egocéntricos», «despiadados», «materialistas», «arrogantes», «codiciosos», «desalmados» y «superficiales». Mientras que los envidiosos asocian principalmente rasgos de personalidad negativos con los ricos, los no envidiosos tienen una visión mucho más positiva. A nivel internacional, los rasgos de personalidad de los ricos destacados por los encuestados fueron especialmente negativos en España, Italia y Chile, y fueron más positivos en Japón, Polonia y Vietnam.

Hemos condensado los resultados de estas preguntas construyendo un «índice de sentimientos hacia los ricos», el cual muestra qué piensan las personas de los distintos países en los que se realizó el sondeo. Las actitudes más negativas hacia los ricos en los trece países analizados se observan en Francia, España y Alemania, mientras que las actitudes más positivas se dieron en Polonia, Japón y Vietnam.[233]

Una de las preguntas de la encuesta fue diseñada para averiguar cuán susceptibles son las personas de cada uno de los trece países cuando se plantea la cuestión de la culpa que tienen los ricos sobre distintas cuestiones. A los participantes en el sondeo se les preguntó si estaban de acuerdo o no con la siguiente declaración: «Aquellos que son muy ricos y quieren más y más poder son también los culpables de muchos de los principales males del mundo, como los problemas financieros o humanitarios». En Alemania, el 50 % de los encuestados dijo estar de acuerdo, el doble que en Gran Bretaña y Estados Unidos (25 y 21 %, respectivamente). Este hallazgo sugiere que, en el caso de Alemania, es relativamente fácil explotar la hostilidad preexistente hacia las personas ricas, sobre todo en tiempos de graves trastornos económicos y de circunstancias sociales complejas. El sondeo sugiere que los políticos alemanes tienen más fácil el señalar a personas ricas y recibir el aplauso social, al contrario de lo que sucede en Gran Bretaña y Estados Unidos. En Francia, el 33 % dijo estar de acuerdo con esta declaración.

Los envidiosos son extremadamente susceptibles a la culpabilización, lo que confirma la precisión de la escala de envidia social a la hora de distinguir entre quienes son envidiosos y quienes no tienen esta forma de pensar. En Alemania, el 62 % de los envidiosos son propensos a culpar a los ricos de los males del mundo, frente al 36 % de los no envidiosos. La situación es similar en los otros países. De igual modo, las personas que tienden a usar a los ricos como chivo expiatorio tienen también una mayor probabilidad de ser creyentes en la idea de la economía como un juego de suma cero. Así, la afirmación de que

233. Véase: <https://onlinelibrary.wiley.com/doi/full/10.1111/ecaf.12591>.

«cuanto más tienen los ricos, menos queda para los pobres» goza del respaldo del 60 % de quienes culpan a los ricos de los males del mundo. Este porcentaje es del 65 % en el caso de Estados Unidos, del 69 % en Francia y del 57 % en el Reino Unido. En cambio, entre quienes no culpan a los ricos de todo tipo de problemas, el porcentaje de personas que ven la economía como un juego de suma cero es del 35 % en Alemania, del 24 % en Estados Unidos, del 41 % en Francia y del 30 % en Gran Bretaña.

Si los ricos realmente fueran tan ociosos como sugieren los estereotipos populares, sin duda, no deberíamos esforzarnos mucho por defenderlos. Sin duda, si los ricos fuesen holgazanes afortunados que heredaron una fortuna y luego la despilfarraron en una orgía de consumo conspicuo, la sociedad no tendría motivos para reconocer sus aportaciones.

Sabemos que hay personas que siguen este patrón, como también hay quienes han construido su fortuna de manera inmoral o incluso delictiva. Sin embargo, en la mayoría de los casos, estos clichés no podrían estar más alejados de la realidad. Casi cuatro de cada cinco personas de gran patrimonio son emprendedores o profesionales autónomos. Incluso entre los más ricos de los ricos, la mayoría son fundadores de empresas o personas que dirigen empresas que fueron iniciadas por sus padres. Imagino que estás familiarizado con muchas de sus trayectorias: Jeff Bezos, uno de los hombres más ricos de Estados Unidos tras haber fundado Amazon; Howard Schultz, que creció en un barrio difícil como hijo de un trabajador manufacturero y llegó a ganar más de 2.000 millones de dólares convirtiendo la cadena de cafeterías Starbucks en un fenómeno mundial; los fundadores de Google, Sergey Brin y Larry Page, cuya idea de un motor de búsqueda online resultó ser un golpe de genialidad que los convirtió en dos de los hombres más ricos de Estados Unidos; Mark Zuckerberg, fundador de Facebook... Todos ellos han dejado huella en el mundo en el que vivimos.

¿Y qué hay de aquellos que heredaron sus fortunas? Como señaló el influyente economista estadounidense Milton Friedman, hay una tendencia a considerar la riqueza heredada como menos aceptable que la que se obtiene a través del esfuerzo personal. Según declaró, «la desigualdad resultante de las diferencias en las capacidades personales, o de las diferencias en la riqueza acumulada por el individuo en cuestión, se considera apropiada, o al menos no tan claramente inapropiada como las diferencias resultantes de la riqueza heredada».[234]

Por un lado, puedo entender por qué la riqueza obtenida mediante el esfuerzo personal podría ser vista de manera diferente a la heredada. Después de todo, lo primero es el resultado de un arduo trabajo, algo de lo que es fácil sentirse orgulloso, mientras que lo segundo es más bien un accidente afortunado, el resultado de haber nacido en una familia rica.

Por otro, los contraargumentos de Friedman también son dignos de consideración. Este premio Nobel de Economía cree que «parece ilógico decir que un hombre tiene derecho a lo que ha producido gracias a sus capacidades personales o al producto de la riqueza que ha acumulado, pero que también, al mismo tiempo, se defienda que no tiene derecho a transmitir ninguna riqueza a sus hijos. Esto supone decir que un hombre puede usar sus ingresos para vivir de manera desenfrenada, pero no puede ahorrarlos para legarlos a sus herederos».[235]

Si piensas que la riqueza heredada es una señal de que vivimos en un mundo «injusto», entonces, seguramente, el hecho de que algunas personas hereden una buena apariencia o un buen aspecto físico no sea menos «injusto». Catherine Hakim, profesora de Sociología en la London School of Economics, ha llevado a cabo varios estudios para demostrar que la belleza y la apariencia física constituyen una ventaja competitiva considerable en el mercado laboral. Su trabajo halló que las personas más atractivas obtienen salarios más altos, en promedio, y son percibidas como individuos más competentes e inteligentes.[236] Incluso en procesos judiciales se ha comprobado que es menos probable

234. Friedman, *Capitalismo y libertad.*
235. Ibídem, p. 196.
236. Hakim, *Capital erótico.*

que los acusados más atractivos sean declarados culpables de un crimen, siendo todos los demás factores iguales.[237] «Las personas que se oponen a la idea de que el capital erótico sea valioso generalmente se quejan de que es puramente heredado y que, por lo tanto, no puede o no debe tener valor. Pero, en gran medida, la inteligencia es innata, y, sin embargo, se le otorga valor con facilidad y se puede observar que recibe una recompensa en la sociedad.»[238]

De todos modos, aquellos herederos que probablemente no «merecen» su riqueza tienden a tener problemas para mantenerla. Hay innumerables ejemplos de herederos indignos que han sido incapaces de manejar o conservar su fortuna o la empresa que heredaron. Muchos terminaron malgastándolo todo, aunque este proceso de erosión patrimonial puede alargarse durante más de una generación. En su novela *Los Buddenbrook*, el escritor alemán Thomas Mann describe de manera inquietante el lento declive experimentado por una familia de comerciantes ricos y respetables. La «justicia» se ve restablecida en la medida en que los herederos resultan indignos de su buena fortuna. A largo plazo, sólo aquellos que verdaderamente merecen su riqueza son capaces de mantenerla.

Gran parte del resentimiento que sienten muchas personas hacia los ricos está motivado por la envidia. Y, por descontado, la mayoría de las personas niegan sentir envidia cuando se les pregunta por ello de forma abierta. En algunas de mis charlas he pedido a los asistentes que se clasifiquen en una escala de envidia que iría del 1 (nada envidioso) al 10 (muy envidioso). La mayoría de los asistentes a mis charlas se colocan en el extremo más bajo de la escala. Ciertamente, casi nadie quiere verse a sí mismo o ser visto por otros como envidioso —y mucho menos admitirlo públicamente—. Incluso en encuestas anónimas, la envidia es uno de los sentimientos más difíciles de medir, porque se considera una emoción socialmente indeseable. Esto es aún más cierto cuando hablamos de discusiones políticas. No en vano, si al-

237. Ibídem.
238. Ibídem.

guien señala que cierta propuesta política podría estar motivada por la envidia, a menudo será duramente criticado y recibirá la indignación reflexiva del resto.

Por ejemplo, quienes se oponen a una mayor redistribución suelen explicar que transferir un mayor volumen de renta o riqueza de ricos a pobres apenas tendría efecto en la situación económica de los segundos, pero que, además, resultaría contraproducente por su efecto en el comportamiento y las decisiones de los primeros. Los defensores de un impuesto a los ricos a veces responden que esto es matemáticamente correcto, pero que su cruzada para gravar más a los ricos no va de eso, sino que se centra en producir un efecto simbólico y expresar algún tipo de «justicia» social. Pero ¿cuál es ese efecto simbólico que se persigue? Creo que no es otro más que la sensación de satisfacción que experimentan las personas que no se ven afectadas por un impuesto a la riqueza, pero que ven que se les quita más dinero a los ricos.

Cuanto más fuerte se proclama el principio de igualdad en una sociedad, más fuerte se vuelve la envidia dentro de dicha colectividad. Porque, si se supone que todos los miembros de una sociedad son iguales, a pesar de que esto esté lejos de ser cierto en realidad, es muy probable que cualquier diferencia sea indignadamente etiquetada como una manifestación de «injusticia social». En Alemania, por ejemplo, las diferencias de renta entre hombres y mujeres ascienden al 6 %, un porcentaje que ni siquiera refleja una comparación homogénea y, sin embargo, se denuncia esta cuestión como un gran escándalo y una expresión de flagrante injusticia. Es interesante notar que, en todas estas discusiones, los términos *igualdad* y *justicia* se emplean cada vez más como sinónimos. Cuando la gente critica la supuesta falta de «justicia social», lo que a menudo nos quiere decir es que hay muy poca «igualdad» de acuerdo con su criterio o preferencia.

Entonces, ¿por qué la gente niega ser envidiosa? En la tradición cristiana, la envidia es uno de los siete pecados capitales, aunque es probable que ninguno de los otros sea tan difícil de admitir. La lujuria, la ira e incluso la pereza están lejos de ser tabúes sociales tan fuertes como los sentimientos de envidia. Los psicólogos han intentado explicar por qué la envidia es una emoción «enmascarada» por el ser humano y por qué casi tan poca gente está dispuesta a admitir que siente envidia.

La envidia comienza con el reconocimiento de que otra persona tiene algo que el envidioso también quisiera tener. Este reconocimiento lleva inevitablemente a los envidiosos a responder a una incómoda pregunta: «¿Por qué no lo tengo? ¿Por qué otros han tenido éxito en lograr lo que yo no pude conseguir?». Esta pregunta puede llevar fácilmente a una pérdida de autoestima. ¿Es la otra persona más inteligente o creativa que tú? Ante esta situación, hay dos estrategias comunes que las personas envidiosas emplean a la hora de proteger su autoestima. En primer lugar, niegan que realmente anhelen la riqueza o el estatus que es objeto de su envidia. De esta forma, el envidioso se dice a sí mismo que, al fin y al cabo, aquello que tiene el otro no es tan importante. En segundo lugar, el envidioso puede atribuir el éxito de la persona que envidia a factores como la suerte, los comportamientos moralmente deplorables o algún tipo de ventaja injusta.

Otra razón por la cual las personas ocultan su envidia es que, al admitir públicamente que actúan motivadas por la envidia, cualquier acción que tomen para eliminar la causa de su envidia sería considerada socialmente ilegítima. Este factor es especialmente relevante en el ámbito político. Por tanto, es importante entender que las personas envidiosas que actúan en la esfera pública siempre negarán que están actuando motivadas por la envidia, y que, sin duda, insistirán en que su única preocupación es la «justicia social».

Quienes admiten sentir envidia pueden seguir una estrategia de justificación diferente. Hay quienes reinterpretan su envidia, insistiendo en que la envidia puede ser también una emoción positiva, algo así como un incentivo para mejorar. De hecho, algunos investigadores han llegado tan lejos como para distinguir entre la envidia «malévola» o «maliciosa» y la envidia «benigna» o «no maliciosa». Según esta interpretación, la envidia malévola tiene como objetivo quitarle algo a otra persona, mientras que la envidia benigna es una fuente de motivación, un deseo de cerrar la brecha apreciada con la persona envidiada a base de emularla, seguir su ejemplo o modelo y hacer lo posible por mejorar la situación propia de quien anhelaba tal avance. La envidia se reinterpretaría así como una emoción que podría ser positiva e inspiradora. Sin embargo, esta actitud que algunos investigadores describen como envidia benigna es, en realidad, un sentimiento de admiración. En la vida cotidiana podemos decir algo así como: «Qué coche tan bonito tienes. Te envidio»; pero lo que realmente quieres decir es lo siguiente: «Admiro lo bonito que es tu coche». En efecto, esa expresión no es una forma de envidia, sino una forma de admiración, deseo o anhelo.

Lo que una persona envidiosa quiere realmente es que el objetivo de su envidia pierda lo que tiene (en el ejemplo anterior, el envidioso quiere que esa persona se quede sin ese coche tan bonito). Su envidia desaparecerá en el momento en que esto suceda. En cambio, su envidia no se saciaría automáticamente si fuera capaz de comprarse el mismo coche. Por eso, la mayoría de los investigadores de la envidia están de acuerdo en que la envidia es una emoción totalmente destructiva y en que no hay tal cosa como una forma benigna o inspiradora de sentir envidia.

Hasta la fecha, los investigadores especializados en el estudio de la envidia han prestado poca atención al impacto de la envidia en la propia vida de los envidiosos. El inversor estadounidense y multimillonario Warren Buffett observó lo siguiente: «De los siete pecados capitales, la envidia es el más tonto, porque, si eres envidioso, no te sientes mejor. Te sientes peor. He tenido buenos momentos con la gula..., y no entraremos a hablar de la lujuria».[239] Los investigadores que sí han abordado esta cuestión han concluido que la envidia está muy vinculada con la depresión, la infelicidad y la baja autoestima. La envidia no es una buena sensación. En esta cuestión, la envidia es bastante diferente de algunos de los otros pecados capitales. Las personas envidiosas sufren ante la mera idea de la felicidad y del éxito de otras personas. Se sienten verdaderamente mal cuando otros tienen éxito. También sucede al contrario: estas personas pueden sentirse felices al saber que a otros les va mal. Después de todo, esto les permite regodearse y cultivar una sensación de alegría maliciosa.

239. Citado en Buffett y Clark, *El tao de Warren Buffett.*

Pero, por encima de todo, la envidia sabotea el propio potencial de éxito del propio envidioso. Después de todo, el envidioso no busca mejorar de ninguna manera su posición, no aspira a seguir el ejemplo de la persona envidiada. Éste es otro argumento de por qué es incorrecto considerar la envidia como una emoción inspiradora o motivadora. En cambio, el envidioso desestima el éxito de la persona envidiada y lo descarta como mero resultado del destino, de la suerte, de la casualidad o incluso de un comportamiento moralmente deplorable.

El argumento de la «suerte» es particularmente popular. Por ese motivo, los libros que vinculan el éxito con la casualidad y la suerte son tan relativamente populares. De hecho, personas muy exitosas ahondan en este discurso cuando se les pregunta sobre las razones de su éxito, pues responden que la suerte es uno de sus factores explicativos. Helmut Schoeck creía que, cuando las personas exitosas señalan la suerte como un aspecto crucial para su buen desempeño, lo están haciendo como una defensa inconsciente ante la envidia: «Un atleta, un estudiante o un hombre de negocios que viene de disfrutar de un éxito particularmente dulce y que puede resultar envidiable para otros acabará encogiéndose de hombros y diciendo que "tuvo suerte" [...]. Al hacerlo, y en gran medida de manera inconsciente, está tratando de neutralizar la envidia que puede dirigirse contra él».[240] Cuando una persona extremadamente exitosa declara que simplemente tuvo «suerte», tal declaración hace que su forma de explicar su éxito resulte mucho más simpática, humana y agradable. En cambio, si su respuesta refiriese su destacado intelecto o su excepcional personalidad, probablemente enfrentaría más rechazo o envidia.

Schoeck observó que las personas envidiosas son menos propensas a envidiar la riqueza de los ganadores de premios de lotería, puesto que su acaudalado patrimonio es simplemente el resultado de un golpe de pura suerte que no refleja mayor logro o mérito. Después de todo, Schoeck encuentra que nadie se enfadaría con su pareja si comprase un número que no gana la lotería ni nadie desarrollaría un complejo de inferioridad si comprase

240. Schoeck, *La envidia y la sociedad.*

repetidamente décimos o boletos que no resultan premiados. La sospecha planteada por Schoeck se vio confirmada empíricamente con los resultados de la encuesta que encargué para el proyecto del libro *Los ricos ante la opinión pública*. Cuando se cuestionó quién «merecía» ser rico, el 71 % de los alemanes no envidiosos eligieron a los autónomos, y el 69 % respaldó también a los empresarios, mientras que los ganadores de la lotería aparecieron en cuarto lugar, con el 49 %. En cambio, entre los alemanes envidiosos, la situación es diferente. Cuando se les preguntó a quienes figuran en dicho colectivo por la misma cuestión, los ganadores de la lotería pasaron a ocupar el primer lugar, con el 61 %; en cambio, solamente el 49 % eligió a los autónomos, y apenas un 33 % optó por los empresarios.

Sin embargo, si acusas a aquellos que polemizan contra los ricos de estar motivados por la envidia, inmediatamente se ofenderán y te dirán, sin lugar a dudas, que «la envidia no tiene nada que ver» con lo que están diciendo o defendiendo. Por supuesto, quienes actúan impulsados por la envidia siempre rechazarán toda sugerencia de que ésa es la fuente de sus acciones y propuestas. Sin embargo, como estableció Schoeck, la envidia es un comportamiento «tan inevitable como profundamente arraigado en la situación biológica y existencial del hombre».[241]

¿Por qué mucha gente tiende a ser menos envidiosa en relación con el éxito de los deportistas de élite o las estrellas del pop y, en cambio, se muestra más crítica en relación con el patrimonio acumulado por empresarios y ejecutivos de alto nivel? Aunque los deportistas de élite alcanzan frecuentemente unos ingresos más altos que los empresarios o ejecutivos, a menudo son tratados con admiración en lugar de con envidia. En parte, esto puede deberse al hecho de que el rendimiento atlético es más fácil de observar, reconocer y evaluar que el trabajo desempeñado de forma cotidiana por un empresario o un ejecutivo de alto nivel. En cambio, el concepto de *justicia* es suficientemente simple de definir en el mundo del deporte: con logros similares, los ingresos también suelen ser parecidos. Cualquiera que pueda ju-

241. Ibídem, p. 415.

gar al fútbol tan bien como Lionel Messi o Cristiano Ronaldo merecerá obtener un nivel de compensación muy parecido. En cambio, ¿cómo aplicar una mirada de «justicia social» al fútbol? Sin duda, la respuesta a eso sería incierta. A este respecto, el premio Nobel de Economía F. A. Hayek considera que el concepto de *justicia social* no es más que un «espejismo» que ha contribuido a «destruir las salvaguardias jurídicas de la libertad individual».[242]

Algunas personas consideran injustos los altos salarios pagados a los ejecutivos de alto nivel, porque no entienden las métricas empleadas para justificar tales niveles de retribución. Si los ingresos se basaran en el trabajo arduo, sería injusto que una enfermera ganara menos que un ejecutivo de alto nivel que desempeña funciones directivas en el mismo hospital. Sin embargo, ninguna empresa en el mundo calcula sus salarios principalmente en función del esfuerzo invertido por sus empleados. Más bien, los sueldos se basan principalmente en la rareza de las habilidades de alguien y lo difícil que sería reemplazar a ese trabajador. En el mercado laboral internacional de altos directivos, los salarios vienen determinados por las leyes de oferta y demanda.

Por supuesto, a veces, los consejos de administración se equivocan y contratan a ejecutivos de alto nivel que no justifican el abultado salario que se les abona mes a mes. Cuando esto sucede, los propietarios o accionistas de la empresa soportan los costes, y no la sociedad en general. De igual forma, un jugador de fútbol puede decepcionar a su equipo si su rendimiento no está a la altura de las expectativas derivadas del dinero invertido por el club en su fichaje. De nuevo, el daño lo corre el club, no la sociedad en general.

De vez en cuando se propone la aplicación de un límite estatutario que regule la diferencia salarial entre el dinero que perciben los consejeros delegados y los sueldos que ganan los trabajadores. Suiza llegó a celebrar un referéndum sobre esta cuestión, pero los votantes fueron lo suficientemente inteligentes como para rechazar la propuesta.

242. Hayek, citado en Habermann, p. 184.

De nuevo, utilizando el fútbol como ejemplo, las ramificaciones se vuelven inmediatamente evidentes. Supongamos que el salario del jugador mejor pagado del Real Madrid solamente pudiese ser veinte veces mayor que el sueldo de un trabajador del estadio Santiago Bernabéu. Para seguir siendo competitivo, el club tendría que disparar el salario del trabajador del estadio hasta un nivel que sería financieramente devastador e insostenible, o bien, de lo contrario, el Real Madrid tendría que conformarse con fichar jugadores de tercera o cuarta categoría con los que probablemente no podría ganar demasiados partidos de la Liga de Campeones. Pues bien, en la empresa sucede lo mismo. Obligar a una compañía a establecer un tope salarial tendría un efecto igualmente desastroso.

Por cierto, no hay evidencia de que la introducción de este tipo de límites realmente satisfaga el deseo de parte de la sociedad de una mayor igualdad. El sociólogo Helmut Schoeck se muestra escéptico al respecto, y afirma que «limitar los salarios y obligar a situarlos en un nivel bajo no sirve de nada para resolver el problema de la distribución de la renta y su justicia. Al contrario: cuanto más bajo es el límite, más cercanos están los ingresos en la escala, mayor es la fascinación comparativa y más intensa es la envidia con la que algunas personas analizan las diferencias que sigan existiendo».[243]

Los ricos —los ejecutivos y empresarios en particular— se ven obligados a justificar constantemente su propia riqueza. De ahí viene, por ejemplo, la idea de «devolver algo a la sociedad» que repiten algunos de ellos, algo que también exige parte de la ciudadanía. La investigación realizada para el estudio *Reichtum in Deutschland* encontró que dos tercios de las personas adineradas están de acuerdo con el sentimiento de que «los ricos tienen más responsabilidad social que aquellos que no son ricos y que, por lo tanto, deberían donar más dinero a, por ejemplo, causas filantrópicas».[244] El 52 % de los ricos alemanes donan dinero a causas sociales, y el 43 % se vuelca en facilitar ayuda económica

243. Schoeck, *Das Recht*, p. 73.
244. Sehity y Schor-Tschudnowskaja, p. 164.

ante situaciones de crisis o catástrofes.[245] Hace unos años, los multimillonarios Warren Buffett y Bill Gates fundaron la campaña The Giving Pledge (El compromiso de donar), a la que ya se han unido 204 de las personas más ricas del planeta, entre ellas, el fundador de Oracle, Larry Ellison, el fundador de CNN, Ted Turner, y el fundador de Facebook, Mark Zuckerberg, que se comprometieron a donar al menos la mitad de su patrimonio.

Sin embargo, incluso estas donaciones han sido objeto de críticas por parte de personas que argumentan que permitir a los ricos disponer de su propio dinero y apoyar las causas que elijan para financiarlas con su patrimonio es antidemocrático. Según los partidarios de un Estado mucho más grande, la única forma de garantizar una distribución «justa» es confiscar la mayor parte del patrimonio de los ricos a través de impuestos y, a renglón seguido, dejar que los políticos decidan qué hacer con ese dinero.

En cualquier caso, las donaciones no son la respuesta a la pregunta de cómo los ricos benefician al conjunto de la sociedad. El beneficio social que genera su actividad no radica principalmente en sus actividades filantrópicas, sino en el hecho de que inician y dirigen compañías que sirven como base para la operativa de muchos sectores de nuestras economías nacionales y que, de igual modo, desarrollan productos y tecnologías pioneros que mejoran la vida de todos nosotros. La mayoría de los lectores de este libro poseen software desarrollado por Microsoft y usan Google en sus búsquedas online. Es probable que también haya muchos lectores que, ocasionalmente, beban café en Starbucks. Y quizá muchos otros se mantienen en contacto con sus amigos a través de Facebook, Instagram o WhatsApp, que son propiedad de Meta, la empresa de Mark Zuckerberg.

Las personas que fundaron estas empresas no estaban impulsadas únicamente por la búsqueda de dinero, aunque el dinero ciertamente puede jugar un papel como recompensa que prima los esfuerzos en el ámbito del desarrollo de productos útiles que benefician a todos nosotros y que tiene en consideración el riesgo comercial derivado de lanzar un negocio.

245. Ibídem, p. 119.

Los intelectuales, en particular, tienden a albergar un gran escepticismo hacia la riqueza y el sistema capitalista. Durante siglos han soñado con sociedades utópicas donde todos somos iguales y nadie posee más ni menos que los demás. Sin embargo, las diversas puestas en práctica de estas utopías no han conducido a un mundo con mayor justicia y riqueza, sino todo lo contrario, ya que han provocado el declive económico y el sufrimiento humano allí donde se han intentado implementar.

En un panfleto titulado *The Ten Cannots* (Los tres «no se puede») publicado en 1916, el influyente líder religioso y orador público reverendo William J. H. Boetcker amonestó a los críticos del sistema capitalista y les recordó lo siguiente:

- No se puede lograr una mayor prosperidad desalentando el ahorro.
- No se puede fortalecer al débil debilitando al fuerte.
- No se puede ayudar a los pequeños derribando a los grandes.
- No se puede elevar al asalariado disminuyendo a quien paga su salario.
- No se puede ayudar a los pobres destruyendo a los ricos.
- No se puede establecer una base sólida con dinero prestado.
- No se puede fomentar la fraternidad entre los hombres incitando y animando el odio de clases.
- No se puede evitar tener problemas gastando más de lo que ganas.
- No se puede construir el carácter y el coraje de una persona destruyendo la iniciativa y la independencia de otras.

También hay muchas personas que no rechazan completamente nuestro sistema económico, pero que, con todo, critican la supuesta «injusticia social» de un mundo en el que los ricos poseen mucho más que los pobres y la brecha entre unos y otros se amplía. Los activistas antiglobalización culpan a dicho proceso de la creciente brecha entre ricos y pobres en países como Estados Unidos. Pero ¿realmente la globalización nos conduce a un mundo con más injusticias? Un estudio de Naciones Unidas encontró que se ha progresado más en el objetivo de reducir la pobreza en todo el mundo en los últimos cincuenta años que en los cinco siglos anteriores...[246]

Sí, el hambre y el sufrimiento todavía son una lacra que golpea a millones de personas en muchas partes del mundo, y nadie debería ser indiferente ante estas desgracias. Sin embargo, por mucho que a menudo se diga o se perciba lo contrario, el tan criticado sistema capitalista y sus protagonistas, «los ricos», no son en absoluto quienes provocan la miseria y el sufrimiento. No en vano, los países africanos donde aún prevalece el hambre sufren más por la falta que por el exceso de libertad económica.

Antes de que surgiera el capitalismo, la mayoría de las personas vivían en la pobreza extrema. En 1820, alrededor del 90 % de la población mundial estaba en situación de pobreza absoluta; en cambio, hoy en día, la cifra es inferior al 10 %. Además, en las últimas décadas, desde el final del comunismo en China y otros países, la disminución de la pobreza se ha acelerado a un ritmo sin precedentes en cualquier período anterior de la historia humana. En 1981, la tasa de pobreza absoluta era del 42,7 %. Sin embargo, en el año 2000, este porcentaje había caído al 27,8 %, mientras que esta tasa ya estaba por debajo del 10 % en 2021.[247]

Esta tendencia principal, que se lleva desarrollando varias décadas, resulta crucial. Al contrario de las expectativas originales del Banco Mundial, que es la institución que recopila estos datos, la pobreza ha aumentado en los últimos años, pero esto se debe, en gran parte, a la pandemia global de la COVID-19, que ha exacerbado la situación en países donde la pobreza ya era relativamente alta.

Otras tendencias de largo plazo también nos brindan motivos para la esperanza. Por ejemplo, el número de niños que lidian con la lacra del trabajo infantil ha disminuido significativamente,

246. Chiwitt, pp. 168-169.

247. Pinker, p. 87. Rosling, p. 52. Véase también Fink y Kappner, <https://de.irefeurope.org/Diskussionsbeitrage/Artikel/article/Globale-Armut-Positive-Entwicklung-negative-Einschatzung> y <https://www.worldbank.org/en/publication/poverty-and-shared-prosperity>.

pasando de 246 millones en 2000 a 160 millones veinte años después, en 2020.[248] Y esta disminución se ha producido a pesar de que la población mundial aumentó de 6.100 a 7.800 millones a lo largo del mismo período.

El progreso alcanzado en las últimas décadas es especialmente evidente en lo tocante a las mejoras apreciadas en los indicadores de esperanza de vida al nacer, que ha aumentado más del doble en el último siglo que en los 200.000 años anteriores. La probabilidad de que un niño nacido hoy alcance la edad de jubilación es mayor que la de que los miembros de generaciones anteriores celebren su quinto cumpleaños. En 1900, la esperanza de vida promedio en el mundo era de 31 años, mientras que hoy se sitúa en 71 años. De las aproximadamente 8.000 generaciones de *Homo sapiens* que ha desarrollado nuestra especie desde hace aproximadamente 200.000 años, solamente las últimas cuatro han experimentado descensos sostenidos en sus tasas de mortalidad.

Una serie de cifras muestra cuánto han mejorado las vidas de las personas desde el desarrollo y avance de la economía de mercado hace ahora doscientos años. Las horas de trabajo promedio del empleado estadounidense han caído unas 25 horas por semana desde 1860 hasta nuestros días. Además, la mayoría de las personas entran ahora al mercado de trabajo más tarde en su propia vida, se retiran antes y viven más años después de jubilarse. Todos estos desarrollos tan positivos se deben a avances tecnológicos y a un sistema económico que ha hecho posible este progreso. Un estudio que cubre 180 países y cuatro décadas muestra una correlación casi total entre el aumento de los ingresos de los más pobres y el crecimiento promedio de cada país. Así pues, el avance no es el resultado de la distribución. El 77 % de la mejora de la renta del 40 % más pobre se debe al crecimiento económico.

248. Melcher, Jacqueline, «Kinderarbeit: Alarmierende Entwicklung laut UN-Studie», *Frankfurter Allgemeine*, 10 de junio de 2021, <https://www.faz.net/aktuell/wirtschaft/kinderarbeit-alarmierende-entwicklung-laut-un-studie-17380670.html>.

Las ventajas de la economía de mercado son particularmente evidentes en China, donde la proporción de personas que viven en situación de pobreza extrema ha disminuido del 88 % en 1981 a un porcentaje inferior al 1 % en la actualidad. La velocidad de reducción de la pobreza en China no tiene precedentes en la historia humana y se ha conseguido gracias al reconocimiento por parte de los gobiernos de los derechos de propiedad privada, aspecto que ha brindado más espacio al libre mercado para desarrollarse. Otro desarrollo clave en las últimas décadas ha sido el hecho de que China se abriese progresivamente a los mercados globales. Este desarrollo tan positivo comenzó con el lema del reformador Deng Xiaoping: «Dejad que algunas personas se enriquezcan primero».

Esto no quiere decir que los efectos de la globalización sean inequívocamente positivos. Debido al progreso tecnológico, la globalización «enfrenta» a los trabajadores de los países industrializados de Occidente con sus «competidores» de los países en vías de desarrollo. Los más afectados en este proceso son los trabajadores no cualificados y con menor preparación de los países desarrollados. Hay que admitir que, para ellos, la globalización se traduce en una pérdida progresiva de renta, porque su desarrollo promueve la competencia internacional. En el peor de los casos, sus trabajos se externalizan a países en desarrollo a una fracción del coste para sus empleadores. Sin embargo, los trabajadores no cualificados no son las únicas víctimas del mercado laboral globalizado. Cada vez más, la clase media de los países desarrollados se ve afectada de manera similar. Esto pone en duda la retórica y la perspectiva ética del movimiento antiglobalización. Ulrich Chiwitt sostiene que esta crítica «no es nada más que una estrategia de defensa desplegada por las clases medias de los países desarrollados ricos que se preocupan por la disminución de sus ingresos debido a la competencia con los países en vías de desarrollo».[249]

La mayoría de los partidarios del movimiento antiglobalización tienden a ser intelectuales que tradicionalmente se han mos-

249. Chiwitt, p. 173.

trado críticos con el capitalismo y ahora consideran que la «globalización» es simplemente otra forma reprobable de libre mercado. Por supuesto, es cierto que la globalización amplía la brecha entre los ricos y los pobres en los países desarrollados, como también hace lo propio entre perdedores (principalmente de países desarrollados) y ganadores (principalmente de países en desarrollo). Desde el punto de vista de un trabajador de Alemania o Estados Unidos, lamentar el aumento de la brecha entre los ricos y los pobres está justificado. Pero ¿qué sucede si abordamos el problema desde una perspectiva global? Por cada alemán o estadounidense de clase media que cae víctima de la movilidad descendente debido a la globalización y la transformación de la economía mundial, lo cierto es que hay tres o cuatro personas que salen de la pobreza para unirse a las crecientes clases medias de China o la India.

En su libro sobre los «ultrarricos» *Plutocrats*, Chrystia Freeland cita al director financiero de un proveedor de tecnología estadounidense, quien afirma lo siguiente: «Aquí queremos que se paguen sueldos diez veces más altos que en el resto del mundo [...], así que, si queremos exigir ganar diez veces más, entonces tenemos que generar diez veces más valor. Suena duro, pero tal vez muchas personas de clase media deberían aceptar una reducción salarial».[250]

Muchos clichés populares sobre los ricos se basan en prejuicios. Después de todo, la mayoría de las personas no conocen a multimillonarios, y mucho menos a milmillonarios. ¿A cuántas personas conoces personalmente que posean cientos de millones o incluso miles de millones de dólares o euros? Hay mucha gente que nunca ha interactuado con personas de gran patrimonio. Por eso, su opinión se basa más en informes mediáticos y sensacionalistas que generalizan cuestiones negativas a partir de una pequeña minoría de casos. Sí, hay altos ejecutivos que reciben indemnizaciones millonarias después de llevar a su empresa al borde de la ruina o empresarios que defraudan al gobierno millones en impuestos, pero éstas son historias puntuales que se

250. Freeland, p. 272.

emplean a menudo para reforzar los clichés sobre la avaricia corporativa y personal de la élite financiera.

Me gustaría contrarrestar estos clichés con otra cita del ético empresarial Ulrich Chiwitt, quien señala que «la codicia no es, de ninguna manera, exclusiva de aquellos que perciben salarios altos. Afecta a personas de todos los niveles sociales, ya sean empleados de bajo rango o directores ejecutivos, trabajadores desempleados o millonarios. No haber logrado hacer fortuna no hace que se sea inmune a la codicia, y, por otro lado, la riqueza no hace automáticamente que las personas sean codiciosas».[251]

Max Weber, uno de los sociólogos más influyentes de la historia, vinculó el «espíritu del capitalismo» a la ética protestante del trabajo. Enfatizó que siempre ha habido avaricia y codicia. «La avaricia del mandarín chino, del antiguo aristócrata romano o del campesino moderno puede resistir cualquier comparación», expresó Weber.[252] Por el contrario, las virtudes protestantes del esfuerzo, la frugalidad, la moderación, la confianza y la honestidad serían las que, en su opinión, dieron forma al espíritu del capitalismo.

Los relatos mediáticos que nos hablan de ejecutivos y banqueros avariciosos sugieren que tal espíritu se ha perdido por completo, pero en el capítulo 6 he puesto de manifiesto que, en realidad, ese espíritu está vivo y coleando, como se deduce de los análisis rigurosos dedicados a las élites financieras de Alemania y Estados Unidos. Después de todo, ¿qué hacen «los ricos» con su dinero? Como sabemos, cuanto mayor es su riqueza, mayor es su tendencia a reinvertir —por ejemplo, comprando acciones en el mercado de valores o adquiriendo participaciones de otras compañías—. Al actuar de esta forma despliegan un capital muy necesario y lo ponen a disposición del crecimiento general de la economía. Por supuesto, estas inversiones están impulsadas por el deseo de avanzar, proteger sus propios intereses y, de esta forma, hacer crecer su riqueza, de modo que no se comportan así

251. Chiwitt, p. 192.
252. Weber, *Ética protestante y el espíritu del capitalismo*.

por motivación altruista. Sin embargo, la sociedad se beneficia y recoge parte de los frutos de esta actuación.

En su brillante libro sobre la riqueza y la pobreza, George Gilder concluye que los ricos cumplen una función esencial al proporcionar «dinero desvinculado y sin burocracia. La clase rica desempeña este papel. Solamente una pequeña parte de su dinero se consume, y la mayor parte va a instalaciones productivas que emplean mano de obra y suministran bienes a los consumidores. Los ricos siguen siendo la principal fuente de capital discrecional en la economía».[253]

Por supuesto, los ricos también gastan dinero en artículos de lujo de discutible utilidad. Sin embargo, muchos artículos cotidianos que hoy damos por sentados fueron considerados en su día lujos innecesarios. Es el caso del agua corriente y las cañerías en las viviendas, por ejemplo, que se consideraban un lujo en el siglo XIX. De hecho, en 1940, el 14 % de todos los hogares de clase trabajadora en Alemania carecían de electricidad, mientras que casi el 25 % de ellos no tenía acceso a agua corriente y un 96 % no tenía cuarto de baño particular. Hoy en día, estos elementos se consideran necesidades esenciales para vivir en el mundo industrializado, donde incluso los miembros más pobres de la sociedad pueden permitirse también la compra de televisores y teléfonos móviles.

Recuerdo una época en que los airbags o sistemas de frenado automático que mejoran la seguridad de los viajeros en automóvil se consideraban también un lujo que sólo los ricos podían permitirse. Hoy, todos los automóviles vienen equipados con ellos y, como consecuencia, conducir se ha vuelto más seguro para todos. En este sentido, incluso el consumo conspicuo en el que algunos ricos se deleitan beneficia al resto de la sociedad, porque impulsa la producción de artículos que están fuera del alcance financiero de la mayoría en el primer momento en que salen al mercado. A través de la producción en masa y el progreso tecnológico, muchos de estos bienes y servicios se van tornando más disponibles para el público en general conforme pasa el tiempo.

253. Gilder, p. 93.

«Las cosas que muy pocas personas pueden permitirse en un primer momento se convierten progresivamente en un símbolo de estatus asociado a los ricos, y esto, por lo tanto, hace que dicha posesión se vuelva más deseable para el resto de la población. Poco a poco, los artículos de lujo que antaño eran inasequibles empiezan a bajar de precio y pasan a estar al alcance de los miembros de la clase media que, consciente o inconscientemente, se esfuerzan por imitar a las élites. Los ricos buscan entonces nuevos símbolos de estatus, porque los antiguos ya se han democratizado y no son válidos. El ciclo comienza de nuevo», explica Rickens en su libro *Ganz oben* (En la cima).[254]

Sin embargo, el debate público sobre la riqueza y la redistribución tiende a pasar por alto estas consideraciones. A los políticos les gusta ganarse el favor de los votantes proponiendo subidas de impuestos a las personas de rentas altas e insisten en que «ya es hora de que finalmente contribuyan con algo». En realidad, debido a los actuales modelos de progresividad fiscal, quienes más ganan ya contribuyen más que el resto. En Alemania, por ejemplo, el 41,8 % del total de los ingresos del impuesto sobre la renta se corresponde con las aportaciones tributarias del 5 % que más gana.[255]

Nuestras sociedades son hoy más sensibles ante los peligros de cultivar prejuicios contra las minorías. Es bueno que así sea. Aun así, el expresidente francés François Hollande se salió con la suya cuando proclamó abiertamente lo siguiente: «No me gustan los ricos». ¡Imagina la indignación que, con razón, habría despertado Hollande o cualquier otro líder político que se hubiese pronunciado en sentido similar sobre cualquier otra minoría! En el mundo actual, «los ricos», «los ejecutivos» o «los banqueros» son quizá las únicas minorías a las que se puede discriminar con aparente impunidad. De hecho, profesar prejuicios contra quienes más tienen puede ser una forma exitosa de recibir invitaciones para repetir ese mensaje en programas y entrevistas donde se

254. Rickens, p. 114.

255. Datos de recaudación del IRPF en 2010 publicados el 28 de julio de 2014 por la Oficina Nacional de Estadística de Alemania.

comparten estos mensajes entre la aprobación, que no la indignación, de parte importante de la audiencia.

«*Casse-toi riche con!*» (¡Lárgate, imbécil rico!) fue el titular del periódico francés de izquierdas *Libération* cuando Bernard Arnault, el multimillonario propietario mayoritario y consejero delegado del grupo LVMH, anunció su intención de convertirse en ciudadano belga. Arnault dirige la mayor compañía mundial fabricante de artículos de lujo, pero fue tratado de esta forma. De igual manera, muchos de los ciudadanos más ricos de Francia se sintieron rechazados y atacados después de que Hollande aumentara el tramo superior del IRPF hasta situarlo en el 75 %. Muchos de ellos se abrieron a la posibilidad de abandonar el país —y no pocos lo hicieron, en detrimento de la economía francesa.

«En todo lo referido a los ricos, vemos que el capitalismo se ve personificado y caricaturizado. De dicho colectivo se nos presentan figuras heroicas y las demonologías más duras», dice al respecto George Gilder, que añade: «En la escala más alta de la renta están las personas que representan las más altas aspiraciones del ámbito económico y la fuente de numerosas iniciativas empresariales. Son la fuerza mercurial, pero también se habla de ellos como del talón de Aquiles. La manera en que una sociedad ve a los ricos y se ve a sí misma es una medida crucial para pulsar la buena o mala salud de una economía capitalista».[256]

Sin embargo, los ricos deben asumir parte de la culpa. Sí, puede que haya muchos malentendidos sobre ellos y que sean un colectivo poco apreciado, pero no es menos cierto que muchos de los millonarios rehúyen los debates públicos y se abstienen de hacer todo lo posible para que se reconozca el valor y el beneficio de sus contribuciones a la economía y a la sociedad. Mientras los ricos sigan atenazados por las dudas sobre sí mismos y obsesionados con la noción misma de que tienen que «devolver algo a la comunidad», lo normal es que sigan siendo víctimas de la falta de comprensión y del escaso aprecio que muestran por ellos muchos de los demás miembros de la sociedad.

256. Gilder, p. 78.

La idea de «devolver a la comunidad» sugiere que los ricos le han quitado algo a la sociedad. Este tipo de pensamiento se basa en una convicción simple y completamente equivocada que habla de nuestra economía como un juego de suma cero en el que los ricos solamente son ricos porque se han enriquecido a costa de los pobres.

En la historia de la humanidad, siempre ha habido personas ricas y personas pobres. De hecho, siempre habrá ricos y pobres. La diferencia estriba en que, en el mundo de hoy en día, tenemos muchas más oportunidades de las que ha habido nunca para hacernos ricos. Hace sólo cuarenta años, empresas emergentes como Facebook, Google o Amazon, que en unos pocos años convirtieron a sus fundadores Mark Zuckerberg, Larry Page, Sergey Brin y Jeff Bezos en multimillonarios, habrían sido proyectos imposibles de llevar a cabo. La globalización e internet han abierto este tipo de oportunidades a los jóvenes de todo el mundo.

«Un emprendedor obtiene su riqueza del poder soberano que tienen los consumidores», expresa a este respecto el pensador libertario Hans F. Sennholz; y añade: «El respaldo de los compradores no se basa ni en privilegios heredados, ni en costumbres, ni en tradiciones, sino en la habilidad de las empresas a la hora de servir al único soberano de la economía capitalista, que es el consumidor. No importa cuán inmensa pueda parecer la riqueza y el poder de algunos, porque el emprendedor solamente prospera cuando se inclina ante los caprichos y deseos de los compradores y responde a su voluntad y a sus necesidades. De hecho, si no hace esto, fracasará».[257]

257. Sennholz, p. 124.

Bibliografía

Arnold, Glen, *The great investors: lessons on investing from master traders*, Harlow, Londres, 2011.

Baum, J. Robert, y Locke, Edwin A., «The relationship of entrepreneurial traits, skill, and motivation to subsequent venture growth», *Journal of Applied Psychology*, 2004, 89, pp. 587-598.

Beck, Hanno, *Behavioral economics: eine Einführung*, Springer Gabler, Alemania, 2014.

Bernholz, Peter, *Monetary regimes and inflation: history, economics and political relationships*, Edward Elgar Publishing, Londres, 2006.

Böwing-Schmalenbrock, Melanie, *Wege zum Reichtum: die Bedeutung von Erbschaften, Erwerbstätigkeit und Persönlichkeit für die Entstehung von Reichtum*, VS Verlag für Sozialwissenschaften, Alemania, 2012.

Bookstaber, Richard, *A demon of our own design: markets, hedge funds and the perils of financial innovation*, J. Wiley, Estados Unidos, 2007.

Buffett, Mary, y Clark, David, *El tao de Warren Buffett: la sabiduría de un genio*, Alienta Editorial, Barcelona, 2021.

Busenitz, Lowell W., «Entrepreneurial risk and strategic decision making: it's a matter of perspective», *The Journal of Applied Behavioral Science*, 35, 3 (septiembre de 1999), pp. 325-340.

Capgemini Wealth Management, *World Wealth Report 2021*.

Chell, Elizabeth; Haworth, Jean, y Brearley, Sally, *The entrepreneurial personality: concepts, cases and categories*, Routledge, Londres y Estados Unidos, 1991.

Chernow, Ron, *Titan: the life of John D. Rockefeller, Sr.*, Random House, Estados Unidos, 1998.

Chiwitt, Ulrich, *Kapitalismus – eine Liebeserklärung: warum die Marktwirtschaft uns allen nützt*, Wiley-VCH, Alemania, 2012.

Colvin, Geoff, *El talento está sobrevalorado: las auténticas claves del éxito personal*, Gestión 2000, Barcelona, 2009.

Corley, Thomas, *Rich habits: the daily success habits of wealthy individuals*, Langdon Street Press, Estados Unidos, 2010.

Cunningham, Lawrence A., *Los ensayos de Warren Buffett: lecciones para el mundo empresarial* [ensayos escritos por Warren Buffett, y seleccionados, organizados y presentados por Lawrence A. Cunningham], 2.ª ed., Valor, Barcelona, 2015.

Deutsches Institut für Wirtschaftsforschung (DIW), «Renditen von Immobilieninvestitionen für private Anleger», estudio encargado por Wertgrund A. G. Berlín, 2014.

Druyen, Thomas; Lauterbach, Wolfgang, y Grundmann, Matthias, *Reichtum und Vermögen: zur gesellschaftlichen Bedeutung der Reichtumsund Vermögensforschung*, Verlag für Sozialwiss, Alemania, 2009.

Dürr, Stephan, *Ursachen und Auswirkungen des Home Bias bei der Portfolio-Entscheidung*, GRIN Verlah, Alemania, 2008.

Duhigg, Charles, *El poder de los hábitos: por qué hacemos lo que hacemos en la vida y en el trabajo*, Vergara, Barcelona, 2019.

Ederer, Günter, *Träum weiter, Deutschland!: politisch korrekt gegen die Wand*, Heyne, Alemania, 2011.

Ellsberg, Michael, *The education of millionaires*, Portfolio/Penguin, Estados Unidos, 2011.

Erker, Harv T., *Secrets of the millionaire mind: mastering the inner game of wealth*, HarperCollins, Estados Unidos, 2005.

EY (Ernst & Young), «Vertrauen zahlt sich aus. Eine Studie über das Vertrauen in Geschäftsbeziehungen von mittelständischen Unternehmen in der Schweiz», Zúrich (Suiza), 2008.

Faltin, Günter, *Kopf schlägt Kapital: die ganz andere Art, ein Unternehmen zu gründen. Von der Lust ein Entrepreneur zu sein*, dtv, Alemania, 2012.

FERI, 27.ª Conferencia de FERI, «Globaler Aufschwung: wie stabil sind die Säulen der Weltwirtschaft?», Fráncfort (Alemania), 2014.

Fitzgerald, F. Scott, *El muchacho rico*, Ara Llibres, Barcelona, 2016.

Fleckenstein, William A., y Sheehan, Frederick, *Greenspan's bubbles: the age of ignorance at the Federal Reserve*, McGraw-Hill, Estados Unidos, 2008.

Fleischhauer, Jan, *Unter Linken: von einem, der aus Versehen konservativ wurde*, Rowohlt, Alemania, 2009.

Flossbach, Bert, y Vorndran, Philipp, *La avalancha de la deuda: un peligro para nuestra democracia, nuestra prosperidad y su fortuna*, estudio preliminar de Javier Santacruz y Marion Mueller, Unión Editorial, Madrid, 2013.

Forbes, *The Forbes 400: the definitive ranking of the richest people in America*, septiembre de 2023.

Fox, Justin, *The myth of the rational market: a history of risk, reward, and delusion on Wallstreet*, Harper Business, Estados Unidos, 2009.

Freeland, Chrystia, *Plutocrats: the rise of the new global super-rich and the fall of everyone else*, Penguin Press, Estados Unidos, 2012.

Frese, Michael, «The psychological actions and entrepreneurial success: an action theory approach», en Baum, J. Robert; Frese, Michael, y Baron, Robert A. (eds.), *The psychology of entrepreneurship*, Lawrence Erlbaum Publishers, pp. 151-189, Estados Unidos, 2007.

Frese, Michael; Stewart, Judith, y Hannover, Bettina, «Goal orientation and planfulness: action styles as personality concepts», *Journal of Personality and Social Psychology*, 52, 6 (1987), pp. 1182-1194.

Fridson, Martin S., *How to be a billionaire: proven strategies from the titans of wealth*, Wiley, Estados Unidos, 1999.

Friedman, Milton, *Capitalismo y libertad*, Deusto, Barcelona, 2022.

Gernig, Kerstin, *Werde, was du kannst!: wie man ein ungewöhnlicher Unternehmer wird*, Murmann Verlag, Alemania, 2014.

Gilder, Georg, *Reichtum und Armut*, Severin und Siedler, Alemania, 1981.

Glatzer, Wolfgang, *et al.*, *Reichtum im Urteil der Bevölkerung: Legitimationsprobleme und Spannungspotentiale in Deutschland*, Budrich, Alemania, 2009.

Göbel, Sigrun, «Persönlichkeit, Handlungsstrategien und Erfolg», en Frese, Michael, *Erfolgreiche Unternehmensgründer*, Verlag für Angewandte Psychologie, Alemania, 1998, pp. 99-122.

Göbel, Sigrun, y Frese, Michael, «Persönlichkeit, Strategien und Erfolg bei Kleinunternehmern», en Klaus, Moser; Batinic, Bernard; y Zempel, Jeanette (eds.), *Unternehmerisch erfolgreiches Handeln*, Verlag für Angewandte Psychologie, pp. 93-114, Alemania, 1999.

Greenspan, Alan, *La era de las turbulencias: aventuras en un nuevo mundo*, Ciro, Barcelona, 2011.

Gregg, Samuel, *Becoming Europe: economic decline, culture, and how America can avoid a European future*, Encounter Books, Estados Unidos, 2013.

Grimnitz, Stefanie, *Der «Home Bias» internationaler Investoren: eine Untersuchung von Aktienportfolios*, Bachelor + Master Publishing, Alemania, 2012.

Habermann, Gerd, *Freiheit oder Knechtschaft?: Ein Handlexikon für liberale Streiter*, Olzog, Alemania, 2011.

Hakim, Catherine, *Capital erótico: el poder de fascinar a los demás*, 2.ª ed., ampl., Debate, Barcelona, 2019.

Hank, Rainer, *Der amerikanische Virus: wie verhindern wir den nächsten Crash?*, Blessing, Alemania, 2009.

Hill, Napoleon, *Piense y hágase rico: un clásico para alcanzar la riqueza*, Ediciones Obelisco, Barcelona, 2023.

Hisrich, Robert; Langan-Fox, Janice, y Grant, Sharon, «Entrepreneurship research and practice. A call to action for psychology», *American Psychologist*, 62, 6 (septiembre de 2007), pp. 575-589.

Horstmann, Ulrich, *Die Währungsreform kommt!: Über Versuche der Politik den Euro zu retten, fehlgeleitete Finanzmärkte und wie sie ihr Vermögen trotzdem sichern*, FinanzBuch Verlag, Alemania, 2011.

Huchzermeier, Dennis, *Home Bias bei privaten und institutionellen Investoren: eine empirische Studie*, Diplom.de, Alemania, 2007.

Kaczmarek, Joel, *Die Paten des Internets: Zalando, Jamba, Groupon – wie die Samwer-Brüder das größte Internet-Imperium der Welt aufbauen*, FinanzBuch Verlag, Alemania, 2014.

Kapferer, Jean-Noel, y Bastien, Vincent, *The luxury strategy: break the rules of marketing to build luxury brands*, Kogan Page, Londres, Estados Unidos e India, 2014.

Kaputa, Catherine, *You are a brand: how smart people brand themselves for business success*, Nicholas Brealey Publishing, Estados Unidos, 2006.

Keppler, Michael, «Risiko ist nicht gleich Volatilität», *Die Bank – Zeitschrift für Bankpolitik und Bankpraxis*, 11 (noviembre de 1990), pp. 610-614.

Kiyosaki, Robert T., y Lechter, Sharon L., *El cuadrante del flujo de dinero: guía del padre rico hacia la libertad financiera*, Aguilar, Madrid, 2009.

Knight Frank Research, *The Wealth Report 2013*.

—, *The Wealth Report 2021*.

Köhler, Wolfgang, *Wall Street Panik*, Mankau, Alemania, 2008.

Kommer, Gerd, «Herleitung und Umsetzung eines passiven Investmentansatzes für Privatanleger in Deutschland. Langfristig anlegen auf wissenschaftlicher Basis» (disertación de tesis doctoral, Erfurt, 2011), Campus, Alemania y Estados Unidos, 2012.

Krauss, Reinhard, y Gross, Rudi, *Wer verdient wie viel?*, Expert Verlag, Alemania, 2010.

Lauterbach, Wolfgang, y Tarvenkorn, Alexander, «Homogenität und Heterogenität von Reichen im Vergleich zur gesellschaftlichen Mitte», en Lauterbach, Wolfgang; Druyen, Thomas, y Grundmann, Matthias (eds.), *Vermögen in Deutschland: Heterogenität und Verantwortung*, VS-Verlag, pp. 57-94, Alemania, 2011.

Lauterbach, Wolfgang; Druyen, Thomas, y Grundmann, Matthias (eds.), *Vermögen in Deutschland: Heterogenität und Verantwortung*, VS-Verlag, Alemania, 2011.

Lauterbach, Wolfgang; Hartmann, Michael, y Ströing, Miriam, *Reichtum, Philanthropie und Zivilgesellschaft*, Springer VS, Alemania, 2014.

Lauterbach, Wolfgang, «Reiche Parallelwelt? Soziale Mobilität in Deutschland bei Wohlhabenden und Reichen», en Lauterbach, Wolfgang; Hartmann, Michael, y Ströing, Miriam, *Reichtum, Philanthropie und Zivilgesellschaft*, Springer VS, Alemania, 2014.

Leckelt, Marius, *et al.*, «The rich are different: unravelling the perceived and self-reported personality profiles of high-net-worth individuals», *British Journal of Psychology*, 110, 4 (2019), pp. 769-789.

Leuschel, Roland, y Vogt, Claus, *Das Greenspan Dossier: wie die US-Notenbank das Weltwährungssystem gefährdet. Oder: Inflation um jeden Preis*, FinanzBuch-Verlag, Alemania, 2004.

Lewis, Michael, *Boomerang: viajes al nuevo tercer mundo europeo*, Deusto, Barcelona, 2012.

—, *La gran apuesta: cómo un puñado de inversores jugaron a perder contra el mundo, y ganaron*, Debate, Barcelona, 2013.

Locke, Edwin A., y Baum, J. Robert, «Entrepreneurial motivation», en Baum, J. Robert; Frese, Michael, y Baron, Robert A., (eds.), *The psychology of entrepreneurship*, L. Erlbaum Associates, pp. 93-112, Estados Unidos, 2012.

Lynch, Peter, *Un paso por delante de Wall Street: cómo utilizar lo que ya sabes para ganar dinero en Bolsa*, Deusto, Barcelona, 2015.

McClellan, Stephen T., *Full of bull: do what Wall Street does, not what it says, to make money in the market*, FT Press, Estados Unidos, 2007.

Mehlkopp, Guido, *Kriminalität als rationale Wahlhandlung*, VS-Verlag, Alemania, 2011.

Morand, Paul, *El aire de Chanel*, Tusquets, Barcelona, 1999.

Müller, Dirk, *Crashkurs: Weltwirtschaftskrise oder Jahrhundertchance? Wie Sie das Beste aus Ihrem Geld machen*, Droemer, Alemania, 2009.

Murphy, Joseph, *El poder de su mente subconsciente*, ed. act. y rev. por Ian McMahan, Open Project, Sevilla, 2000.

Niquet, Bernd, *Der Crash der Theorien. Eine neue Sichtweise von Wirtschaft und Börse*, Börsenbuch-Verlag, Alemania, 1997.

—, *Keine Angst vorm nächsten Crash: Warum Aktien als Langfristanlage unschlagbar sind*, Campus Verlag, Alemania y Estados Unidos, 1999.

—, *Wie ich erfolgreich die Finanzkrise verdrängte: eine Collage*, Engelsdorfer Verlag, Alemania, 2010.

Pervin, Lawrence A., *La ciencia de la personalidad*, McGraw-Hill, Interamericana de España, Madrid, 1997.

Rauch, Andreas, y Frese, Michael, «Born to be an entrepreneur? Revisiting the personality approach to entrepreneurship», en Baum, J. Robert; Frese, Michael, y Baron, Robert A. (eds.), *The psychology of entrepreneurship*, Lawrence Erlbaum Publishers, pp. 41-66, Estados Unidos, 2012.

—, «Psychological approaches to entrepreneurial success: a general model and an overview of findings», en Cooper, C. L., y Robertson, I. T. (eds.), *International Review of Industrial and Organizational Psychology*, 15, enero de 2000, 101-142.

Rickens, Christian, *Ganz oben: wie Deutschlands Millionäre wirklich leben*, Kiepenheuer & Witsch, Alemania, 2012.

Robbins, Tony, *Dinero, domina el juego: cómo alcanzar la libertad financiera en 7 pasos*, Deusto, Barcelona, 2018.

Rogers, Jim, *Street smarts: adventures on the road and in the markets*, Crown Business, Estados Unidos, 2013.

Rothchild, John, *A fool and his money: the odyssey of an average investor*, Viking, Estados Unidos, 1998.

Schmitt-Rodermund, Eva, «Wer wird Unternehmer?: Persönlichkeit, Erziehungsstil sowie frühe Interessen und Fähigkeiten als Vorläufer für unternehmerische Aktivität im Erwachsenenalter», *Wirtschaftspsychologie*, 2 (2005), pp. 7-23.

Schmitt-Rodermund, Eva, y Silbereisen, Rainer K., «Erfolg von Unternehmern: die Rolle von Persönlichkeit und familiärer Sozialisation», en Klaus, Moser; Batinic, Bernard, y Zempel, Jeanette (eds.), *Unternehmerisch erfolgreiches Handeln*, Verlag für Angewandte Psychologie, pp. 115-144, Alemania, 1999.

Schoeck, Helmut, *Das Recht auf Ungleichheit*, Ullstein, Alemania, 1990.

—, *La envidia y la sociedad*, 3.ª edición, Unión Editorial, Madrid, 2022.

Schroeder, Alice, *La bola de nieve: Warren Buffett y el negocio de la vida*, Valor, Barcelona, 2017.

Schumpeter, Joseph, *Teoría del desenvolvimiento económico: una investigación sobre ganancias, capital, crédito, interés y ciclo económico*, Fondo de Cultura Económica, México, 1976.

Schwarze, Norman, *Investieren in Gold*, Stiftung Warentest, Alemania, 2011.

Schwarzenegger, Arnold, *Desafío total: mi increíble historia*, Martínez Roca, Madrid, 2012.

Sehity, Tarek el; y Schor-Tschudnowskaja, Anna, «Vermögende in Deutschland: die Perspektiven der Vermögensforschung», en Lauterbach, Wolfgang; Druyen, Thomas; y Grundmann, Matthias (eds.), *Vermögen in Deutschland: Heterogenität und Verantwortung*, VS-Verlag, Alemania, 2011.

Sennholz, Hans F., «Über den Abbau von Armut und Ungleichheit», en Baader, Roland (ed.), *Wider die Wohlfahrtsdiktatur*, Resch, pp. 121-133, Alemania, 1995.

Shiller, Robert, *Exuberancia irracional*, Deusto, Barcelona, 2015.

Skopek, Norma, «Vermögen in Deutschland», en Lauterbach, Wolfgang; Hartmann, Michael, y Stöing, Miriam (eds.), *Reichtum, Philanthropie und Zivilgesellschaft*, Springer VS, pp. 47-76, Alemania, 2014.

Sommer, Rainer, *Die Subprime-Krise: wie einige faule US-Kredite das internationale Finanzsystem erschüttern*, Heise, Alemania, 2008.

Spannagel, Dorothee, *Reichtum in Deutschland: Empirische Analysen*, Springer VS, Alemania, 2013.

Stanley, Thomas J., *Stop acting rich: and start living like a real millionaire*, Wiley, Estados Unidos, 2009.

—, *La mente millonaria*, Ediciones Obelisco, Rubí (Barcelona), 2022.

Stanley, Thomas J., y Danko, William D., *El millonario de la puerta de al lado: los sorprendentes secretos de los millonarios estadounidenses*, Obelisco, Barcelona, 2015.

Staud, Wieland, *Making money: 51 Irrtümer, die Sie vermeiden sollten*, Herbig, Alemania, 2011.

Staute, Jörg, *Börsenfieber*, Heyne Bücher, Alemania y Estados Unidos, 1998.

Ströing, Miriam, y Kramer, Melanie, «Reichtum und die Übernahme gesellschaftlicher Verantwortung», en Lauterbach, Wolfgang; Druyen, Thomas, y Grundmann, Matthias (eds.), *Vermögen in Deutschland: Heterogenität und Verantwortung*, VS-Verlag, pp. 95-137, Alemania, 2011.

Swensen, David F., *Unconventional success: a fundamental approach to personal investment*, Free Press, Estados Unidos, 2005.

Taleb, Nassim Nicholas, *El cisne negro: el impacto de lo altamente im-*

probable, ed. rev. y con nuevo posfacio del autor (1.ª ed. en esta versión amp. y rev.), Paidós, Barcelona, 2011.

Templeton, sir John, *The Templeton Plan: 21 steps to personal success and happiness*, Templeton Press, Estados Unidos, 1992.

UBS y PwC, *Billionaires: master architects of great wealth and lasting legacies*, 2015.

Velten, Robert, «Die Soziologie der antiken Reichtumsphilosophie», en Druyen, Thomas; Lauterbach, Wolfgang, y Matthias Grundmann (eds.), *Reichtum und Vermögen: zur gesellschaftlichen Bedeutung der Reichtums und Vermögensforschung*, Verlag für Sozialwiss, pp. 242-254, Alemania, 2009.

Voegeli, William, *Never enough: America's limitless welfare state*, Encounter Books, Estados Unidos, 2011.

Weber, Max, *Ética protestante y el espíritu del capitalismo*, Biblioteca Nueva, Madrid, 2020.

Weimann, Joachim; Knabe, Andreas, y Schöb, Ronnie, *Geld macht doch glücklich: wo die ökonomische Glücksforschung irrt*, Schäffer-Poeschel Verlag für Wirtschaft Steuern Recht, Alemania, 2012.

Wüllenweber, Walter, *Die Asozialen: wie die Ober- und Unterschicht unser Land ruinieren - und wer davon profitiert*, btb, 2014.

Wojciszke, Bogdan; Bazinska, Róża, y Jaworski, Marcin, «On the dominance of moral categories in impression formation», *Personality and Social Psychology Bulletin*, 24, 12 (1998), pp. 1251-1263.

Zitelmann, Rainer, *Vermögen bilden mit Immobilien*, Haufe-Mediengruppe, Alemania, 2008.

—, *Los ricos ante la opinión pública*, Unión Editorial, Madrid, 2022.

—, *The wealth elite: a groundbreaking study of the superrich*, LID Publishing, Londres, 2018.

—, *Dare to be different and grow rich: the secrets of self-made men*, LID Publishing, Londres, 2019.

—, «Attitudes towards capitalism in 34 countries on five continents», *Economic Affairs*, 43, 3 (2023), pp. 351-371.

Zuckerman, Gregory, *The greatest trade ever: how John Paulson bet against the markets and made $20 billion*, Viking, Estados Unidos, 2009.